PHILIPPE-GASTON BESSON

Je suis fatigué, mais je ne sais pas pourquoi !

La fatigue chronique, fléau des temps modernes

jouvence ÉDITIONS

COLLECTION
TROIS FONTAINES

Du même auteur *(aux éd. Jouvence)*

- *Acide-base, une dynamique vitale*
- *La crème Budwig*
- *J'ai mal partout !*
- *Je me sens mal, mais je ne sais pas pourquoi... !*
- *La méthode Kousmine* (en collaboration avec l'Association médicale Kousmine)
- *Les 5 piliers de la santé* (en collaboration avec A. Bondil, A. Denjean, Ph. Keros)

Autres titres de la collection Trois Fontaines

- *Et si vous étiez allergique ?* (Dr Élisabeth Sambian-Noël)
- *Le cholestérol... exactement !* (Christian Brun)
- *Les succès de la magnétothérapie* (J.-F. Olivier/M. Lacroix)
- *Les réseaux géobiologiques* (P.-J. Garel/G. + N. Fleck)
- *Le diabète... exactement !* (Christian Brun)
- *L'eau, source vitale de votre santé* (Christopher Vasey)
- *L'équilibre glycémique* (Jacques Fontaine)
- *L'ostéoporose... exactement !* (Dr Philip Keros)
- *Arthroses, arthrites et rhumatismes* (Christian Brun)
- *Développez votre potentiel énergétique* (G.-A. Ulmer)
- *Le pouvoir psychique des aliments* (Christian Brun)
- *Ste-Hildegarde, la santé entre ciel et terre* (Daniel Maurin)

CATALOGUE GRATUIT SUR SIMPLE DEMANDE

ÉDITIONS JOUVENCE

France : BP 7 – 74161 St-Julien-en-Genevois Cedex

Suisse : CP 184 – 1233 Genève-Bernex

Site internet : **www.editions-jouvence.com**

e-mail : info@editions-jouvence.com

ISBN 2-88353-324-5

Mise en pages : Nelly Irniger – Couverture : Dynamic 19

SOMMAIRE

« Mais qu'est-ce qu'une maladie, et pourquoi apparaît-elle ?
– Parce qu'auparavant, quelque chose n'était pas en ordre !
La maladie est une révolte de la nature pour rétablir la santé.
Lorsque certaines conditions sont contre nature, la maladie
est une tentative pour rejeter ces conditions malsaines.
C'est un processus de défense à l'égard des conditions
contre nature qui ont précédé. » [1]

INTRODUCTION

Le verbe *fatiguer* apparaît dans la langue française au début du 14ème siècle. Il est emprunté au latin *fatigare,* qui signifie *faire crever un animal,* et par affaiblissements successifs, *accabler, abattre par la dépense des forces.* En latin impérial, il signifiait *importuner, vexer.*

De nos jours, *fatiguer* signifie d'abord *diminuer les forces de l'organisme, imposer un effort pénible à un être vivant.* Le déverbal *fatigue*, nom féminin, a suivi une évolution parallèle, désignant l'état qui résulte d'un effort excessif, d'un travail pénible. Ce sont ses sens les plus usuels.

Le mot en lui même exprime donc un état résultant d'une activité excessive, surtout physique, mais qui peut être également psychique. C'est une sensation normalement éprouvée qui s'amende plus ou moins rapidement lorsque la cause qui en est à l'origine est supprimée. Tout le monde connaît donc la fatigue et peut généralement en identifier la ou les causes. C'est lorsque la sensation apparaît sans qu'une cause précise ne puisse être identifiée que la situation devient pathologique.

La plainte : « Je suis fatigué ! », exprimée sans la connotation d'un effort physique intense ou d'une activité psychique inhabituelle et récente, ne signifie alors plus rien dans la transmission du ressenti. Elle n'explicite rien. Elle traduit simplement que quelque chose ne va pas, ou ne va plus, mais ce quelque chose est inexplicable, et surtout inexprimable en termes concis et précis. Alors qu'il résume l'aboutissement d'un état complexe pour le plaignant, le terme est pratiquement vide de sens pour celui qui le reçoit. Pourtant, la fatigue est très certainement le symptôme le plus fréquemment rencontré. Qui ne s'est pas déjà senti fatigué ?

Le concept de fatigue est en fait intimement lié à la motivation, à l'envie de vivre et de faire les choses, et il revêt dans ce sens une coloration psychologique, voire psychique négative. C'est sans doute la raison pour laquelle le terme de *fatigue* est assez mal perçu par les thérapeutes en général. C'est pourtant le seul terme qui exprime le plus justement le ressenti formulé. Les synonymes harassement, lassitude, surmenage, faiblesse, anéantissement, ahan, fourbure, ne sont que de piètres pis-aller.

Il existe de nombreuses causes de fatigue. On peut dire que toute maladie s'accompagne de fatigue à un degré plus ou moins marqué. Mais dans ces cas, on relie l'état de fatigue à une cause pathologique évidente, reconnue car diagnostiquée. On ne s'étonne plus d'être fatigué, puisqu'on est malade. Nous allons passer en revue une série de troubles qui ne sont pas de véritables maladies, mais pour lesquels la fatigue est bien souvent le symptôme dominant, et souvent le principal motif de plainte. « Docteur, je suis fatigué(e), mais je ne sais pas pourquoi… ! » Nous allons donc envisager les cas ou l'on se sent fatigué, même très fatigué, sans être pour autant *malade* ! Dans la plupart de ces cas, les examens biologiques complémentaires habituels ne montrent rien ou peu de choses. En tout cas, jamais assez pour expliquer la fatigue et en trouver la cause. Le thérapeute conclura donc : « Mais, vous n'avez rien... tous vos résultats sont normaux ! » Et pourtant !

Le principal symptôme précurseur à toute maladie, c'est bien souvent la fatigue ! Elle signifie déjà que quelque chose ne va pas, mais elle ne dit pas où. Toute fatigue doit être envisagée avec le plus grand sérieux et doit être minutieusement investiguée. Il y a toujours une cause à la fatigue, même si elle peut paraître psychologique.

Nous allons voir douze chapitres décrivant chacun un état qui entraîne une fatigue importante, voire invalidante. Pour tous ces états de santé, la fatigue est le symptôme principal, et bien souvent celui qui motive la consultation auprès d'un thérapeute. Tous sont liés à une cause précise qu'il convient de découvrir. Un treizième chapitre, le dernier, est intitulé *Le syndrome de fatigue chronique,* et c'est le seul état pour lequel aucune cause réelle n'a encore été découverte... pour l'instant !

❑

CHAPITRE 1

La candidose chronique

(extrait du livre *Je me sens mal, mais je ne sais pas pourquoi !,* du même auteur – éd. Jouvence)

Dès notre naissance, nous vivons continuellement dans un univers de microbes et sommes les hôtes d'une myriade d'agents microbiens avec lesquels nous entretenons chaque jour des relations dites *symbiotiques*. C'est-à-dire que les millions de bactéries et de champignons qui résident dans notre nez, notre bouche et nos gencives, notre gorge, nos poumons, nos intestins... ne déclenchent chez nous aucun trouble, ne sont responsables d'aucune maladie. Ces micro-organismes font partie intégrante de notre vie, au même titre que notre nourriture ou les innombrables produits chimiques qui nous entourent toujours plus. On a dénombré plus de 400 espèces différentes de microbes (autochtones) vivant normalement dans les intestins d'un individu sain. La plupart d'entre eux participent à un certain nombre de processus physiologiques, comme la dégradation des pigments biliaires, la fabrication de la vitamine K, le frein du développement des levures ou champignons, ou encore l'information immunitaire (par stimulation constante des capteurs immunologiques que sont les plaques de Peyer, localisées tout au long de la paroi de notre intestin).

Cet environnement microbien dans lequel nous baignons sans cesse reste pour nous indifférent tant que notre défense immunitaire est correcte. Il ne commence à nous poser des problèmes que lorsque la résistance de notre organisme se met à décliner. La défense immunitaire est un processus qui englobe un ensemble de mécanismes compliqués qui collaborent dans le but de protéger notre organisme contre l'agression de ces microbes. Un des mécanismes les plus importants de cette défense s'effectue grâce à la destruction des microbes par des cellules spécialisées : les globules blancs. Mais cette défense nécessite également, pour être performante, un apport d'acides aminés, de vitamines A, C, B1, B6, B12, biotine, niacinamide, acide panthoténique, ainsi qu'un équilibre minéral satisfaisant. Si un seul de ces éléments vient à faire défaut, la production de globules blancs peut diminuer et la défense liée à ces globules se trouver en défaut.

Il existe un autre système de défense qui est lié à la production de certaines protéines. Lorsque notre organisme est correctement nourri, un certain groupe de cellules blanches est capable de sécréter des protéines particulières que l'on appelle les *anticorps*. Ces substances, qui sont faites de chaînes d'acides aminés, se collent littéralement sur les microbes pour les rendre inoffensifs, et permettre ensuite leur reconnaissance et leur absorption par les globules blancs. L'invasion de l'organisme par un microbe suscite toujours la production d'anticorps spécifiques dirigés contre ce microbe et pas un autre. Une fois que les cellules blanches ont synthétisé des anticorps spécifiques, elles sont capables de les fabriquer à volonté selon les nécessités de la défense immunitaire, si elles trouvent une concentration suffisante d'acides aminés, de vitamines, de sels minéraux, d'enzymes et d'oligo-éléments[2] à leur disposition.

Il est donc important de comprendre que la plupart des maladies infectieuses n'arrivent pas parce qu'un microbe déterminé se met subitement à attaquer notre organisme, mais plutôt parce qu'à un moment donné, notre défense immunitaire se trouve déficiente, permettant ainsi l'intrusion d'un microbe ou le développement d'une forme microbienne à partir de l'organisme. Ce déficit immunitaire est le plus souvent la conséquence directe d'une alimentation erronée qui ne fournit pas à l'organisme la quantité suffisante d'un ou plusieurs éléments nutritionnels que nous avons cités plus haut. Ainsi, une maladie de type infectieux peut survenir lorsque les conditions intérieures de défense immunitaire s'affaiblissent et deviennent favorables à sa survenue.

Il existe, bien sûr, d'autres circonstances favorisant le développement d'un type de micro-organisme plutôt qu'un autre, et c'est plus particulièrement celles qui concernent le champignon dénommé le plus souvent *candida albicans*[3], que nous allons maintenant étudier.

Parmi les centaines d'espèces microbiennes qui habitent normalement notre corps, il existe un champignon microscopique commun qui est, lui aussi, normalement présent chez tous. On a attribué à la souche la plus souvent rencontrée le qualificatif *albicans*, qui veut dire *blanc*. À l'état normal, cette levure vit en commensal sur les muqueuses de nos organes digestifs, dans notre bouche, notre estomac et nos intestins, sans y causer le moindre trouble. On ne le trouve pas sur la peau lorsque celle-ci est saine.

Mais pour diverses raisons que nous allons voir, le champignon peut se développer et être à l'origine d'un certain nombre de troubles. Le développement excessif du *candida albicans* est effectivement tenu pour responsable d'un nombre important de symptômes, dont l'ensemble peut même constituer une véritable maladie. Les organes qui sont alors le plus souvent envahis sont : le tractus gastro-intestinal, l'appareil génito-urinaire, le système endocrinien, le système nerveux, avec, dans tous les cas, une répercussion sur le système immunitaire. Certaines allergies sont également dues au développement du candida[4].

Il est curieux de constater que les multiples aspects que peuvent prendre les symptômes témoignant du développement excessif de ce micro-champignon sont le plus souvent méconnus... ! Et pourtant, il faut insister sur le fait que de nombreuses perturbations fonctionnelles de notre organisme sont dues au développement excessif du *candida albicans*, et que nous (les médecins et les thérapeutes) n'y pensons pas suffisamment ou, en tout cas, pas assez fréquemment. Les Américains ont parlé du *Yeast syndrom* ou syndrome de candidose chronique, qui sévit de plus en plus communément. Mais l'ampleur réelle de cette entité clinique a été surtout reconnue aux États-Unis grâce à la parution de deux livres capitaux sur le sujet : *The Missing Diagnosis*[5] (Orion Truss) et *The Yeast Connection*[6] (William Crook). Selon les études épidémiologiques les plus récentes, on estime en effet qu'environ 80 millions de personnes souffrent de candidose chronique et de leurs conséquences aux États-Unis.

Il a été constaté que le développement du *candida albicans* est le plus souvent la conséquence de l'usage répétitif des antibiotiques[7]. En effet, ceux-ci détruisent la flore intestinale microbienne qui, comme nous l'avons vu, vit en symbiose avec le reste de l'organisme et empêche la multiplication excessive des levures. Lorsque l'utilisation des antibiotiques a commencé à être largement répandue, on a rapidement remarqué une recrudescence des affections par les champignons. Au début, l'habitude avait été prise de prescrire systématiquement des médications antifongiques[8] conjointement aux antibiotiques afin d'éviter ce problème, mais par la suite, cette pratique a été abandonnée pour des raisons inconnues.

Sans incriminer les traitements médicaux par antibiotiques, eux-mêmes dérivés de cultures d'autres champignons, il faut remarquer que l'usage systématique de ces mêmes antibiotiques dans l'élevage intensif des bovins, et en particulier des veaux, est l'un des facteurs de promotion important des candidoses chroniques, lié à la consommation régulière de la viande de ces animaux.

En plus de l'utilisation des antibiotiques, le développement excessif du candida dans le tractus gastro-intestinal peut également être provoqué par l'usage d'autres drogues, telles que les corticoïdes, les médicaments anti-ulcéreux, les contraceptifs oraux, ainsi que par la carence des sucs digestifs ou un excès de sucre dans l'alimentation[9].

Selon les statistiques, les infections par le *candida albicans* touchent davantage les femmes que les hommes. À cause des conditions particulières de chaleur et d'humidité qui règnent dans le vagin, celui-ci est l'organe le plus souvent atteint. Mais nombreux sont également les troubles digestifs chroniques dus au développement du champignon dans le tube digestif et l'intestin. Ceux-ci produisent des agents chimiques toxiques[10] qui sont responsables de symptômes à distance, tels que prurits anal et cutané, diarrhée chronique ou constipation opiniâtre, irrégularités menstruelles, règles douloureuses, infections vésicales, fatigue, maux de tête, acné, dépression, anxiété, nervosité, prise de poids inexpliquée, colite, gastrite, œsophagite, gingivite, etc. Ces symptômes très variés sont généralement difficiles à relier à une même origine. De plus, les toxines[11] produites par le champignon perturbent le système immunitaire, permettant ainsi son plus grand développement.

Il faut mettre l'accent sur un syndrome très particulier qui concerne de nombreuses femmes, et qui est en grande partie la conséquence d'une infection chronique par le *candida albicans*. Il s'agit soit de prises de poids inexpliquées ou excessives par rapport à l'alimentation, soit de personnes qui, malgré un régime sévère et une attention soutenue, n'arrivent plus à perdre de poids. Après avoir facilement perdu les premiers kilos, elles se trouvent comme bloquées à un poids qui ne varie plus, ou très difficilement.

La première infection par le *candida albicans* est généralement légère et passagère. Elle peut le plus souvent guérir spontanément si les défenses immunitaires reprennent rapidement le dessus. Mais chez certaines personnes, l'infection devient récidivante et les rechutes se succèdent. Peu à peu, les symptômes deviennent chroniques et les défenses immunitaires, si souvent sollicitées, tolèrent désormais cette infection chronique, incapables de l'éliminer.

On pourrait penser que l'emploi d'antibiotiques spécifiques aux champignons est suffisant pour éradiquer rapidement et définitivement cet hôte indésirable lorsqu'il prend une place trop importante dans notre économie interne. Il n'en est rien, car les champignons ont un caractère particulier : la ténacité. Lorsqu'une infection par un champignon se déclare et prend une ampleur qui devient gênante, le recours à une substance chimique pour lutter contre son développement est souvent indispensable, et l'effet est relativement rapide. Mais bien souvent, l'infection revient peu de temps après l'arrêt du traitement. Elle est dite récidivante. Si on continue à la traiter uniquement par un antibiotique, elle prendra rapidement un caractère chronique, répondant de moins en moins à la thérapeutique chimique utilisée seule. Si l'on désire obtenir un résultat durable, on s'aperçoit qu'il est absolument nécessaire d'associer un certain nombre de mesures qui contribueront à maintenir un développement normal des champignons dans l'organisme. L'alimentation, les mesures hygiéniques et les thérapeutiques naturelles y tiennent une large place. Elles sont indispensables pour obtenir un résultat durable. On doit d'ores et déjà insister sur la nécessité de traitements longs pour venir à bout d'un déséquilibre de notre flore microbienne en faveur des champignons.

Qu'est-ce le candida albicans ?

Dans la nature, les champignons microscopiques sont des organismes adaptables à des conditions extrêmes. Leur principale fonction est de recycler les débris organiques. Il n'existe probablement aucune substance capable d'éliminer radicalement les champignons. On en retrouve dans l'alcool et même dans des solutions contenant de l'acide sulfurique. Des centaines de milliers d'espèces se développent naturellement, et la plupart sont saprophytes, mais quelques espèces sont parasites et responsables de la destruction de certaines variétés d'arbres comme les ormes. Des champignons thermophyles sont rencontrés dans certaines grottes à des températures pouvant atteindre jusqu'à 50° C ou plus ; à l'inverse, des champignons cryophiles vivent sur les glaciers dans l'Antarctique.

Les champignons comprennent les levures et les moisissures. Les levures sont des champignons unicellulaires dont les dimensions sont de 4 à 6 μ. Leur multiplication est rapide dans un milieu riche en sucre ou en amidon, et elles peuvent plus facilement croître en milieu acide (pH voisin de 4). Les moisissures croissent à partir d'une graine (spore) qui pousse, s'étire en longs filaments (appelés les *hyphes*), dont la configuration finale est connue sous le nom de mycélium.

On connaît neuf espèces de candidas, dont six peuvent être impliquées dans la pathologie humaine[12]. Le *candida albicans* est donc une levure saprophyte[13] des muqueuses qui se reproduit par bourgeonnement cellulaire asexué. Une cellule-mère peut former de nombreux bourgeons dans diverses directions. Lorsqu'un bourgeon est assez gros, il s'étrangle et se sépare de la cellule-mère pour former une cellule-fille. La paroi cellulaire conserve une petite cicatrice. On trouve à l'état normal le *candida albicans* aussi bien sur la peau que sur les muqueuses des personnes saines. Ceci explique qu'on puisse le rencontrer en faible abondance dans les cavités buccales, les muqueuses génitales et l'intestin de tout individu. Toutefois, aucun symptôme n'est lié à sa présence ; il fait partie des composants normaux de la flore intestinale.

Le *candida albicans* a la particularité de pouvoir passer de la forme levure (cellules arrondies ou ovoïdes, groupées en petits amas) à la forme de moisissure (les cellules s'allongent alors et se développent pour prendre l'aspect de filaments, de pseudo-hyphes, de pseudo-myceliums) et vice versa. Grâce à ce dimorphisme, il se soustrait aux mécanismes de défense liés à l'immunité cellulaire. Il en existe rarement une seule forme. On peut dire que la forme levure est la forme saprophyte et vit en symbiose avec l'organisme hôte, alors que la forme moisissure mycélienne est la forme parasite, donc pathogène et susceptible de provoquer des symptômes. Lors du passage d'une forme à l'autre, le champignon subit des modifications de forme et de synthèses enzymatiques qui correspondent en fait à une adaptation de survie à un milieu devenu défavorable.

Alors que la forme levure est non-invasive, la forme mycélienne (qui est l'aspect que prend la moisissure) est capable de pénétrer la muqueuse. Au niveau des muqueuses gastrique et intestinale par exemple, elle est capable de s'infiltrer jusqu'aux vaisseaux sanguins et lymphatiques profonds et de permettre ainsi la pénétration sanguine de nombreuses substances intestinales, dont la plupart sont antigéniques[14].

De plus, les candidas sécrètent de nombreuses toxines : on connaît en effet 79 substances chimiques sécrétées par les différentes espèces du champignon ; chaque espèce pouvant en sécréter environ 35 différentes.

Cette capacité particulière de transformation et de sécrétion provoque une confusion de notre système de défense, qui cherche à repérer les formes et à identifier les toxines. Devant un adversaire si versatile, la quantité d'anticorps fabriqués pour lutter contre de nombreuses toxines est importante, mais devient rapidement inutile. Par contre, cet excès d'anticorps provoque l'apparition de syndromes allergiques. Le sujet atteint commence à devenir intolérant aux parfums, aux produits de nettoyage, aux odeurs de peinture ou d'essence, à la fumée de cigarette, aux anesthésiques locaux, au soleil...

❑ ❑ ❑

Comment en faire le diagnostic ?

Le diagnostic de candidose chronique est souvent difficile à établir. Le questionnaire qui suit peut être un outil de dépistage utile afin de découvrir si vous êtes susceptible d'être porteur d'une candidose chronique[15].

Histoire clinique

1 Avez-vous pris des tétracyclines ou d'autres antibiotiques pour traiter une acné pendant plus d'un mois ? 25

2 Avez-vous déjà pris, ne serait-ce qu'une fois dans votre vie, un antibiotique à large spectre pour traiter un problème urinaire, gynécologique, respiratoire ou autre, pendant une période de 2 mois ou plus, ou pendant de plus courtes périodes, mais plus de 3 fois dans une année ? 20

3 Avez-vous déjà pris un antibiotique à large spectre, ne serait-ce qu'une seule fois dans votre vie ? 6

4 Avez-vous, à une période quelconque de votre vie, été gêné par une prostatite persistante, une vaginite ou une quelconque affection de l'appareil génito-urinaire ? 25

5 Avez-vous déjà été enceinte une fois ? 3

6 Avez-vous été enceinte deux fois ou plus ? 5

7 Avez-vous utilisé une pilule contraceptive pendant une période de 6 mois à 2 ans ? 8

8 Avez-vous utilisé une pilule contraceptive pendant une période supérieure à 2 ans ? 15

9 Avez-vous pris de la cortisone pendant une période inférieure à 15 jours ? 6

10 Avez-vous pris de la cortisone pendant une période supérieure à 15 jours ? 15

11 Les odeurs fortes, les parfums, les insecticides provoquent-ils chez vous des réactions faibles ? 5

12 Les odeurs fortes, les parfums, les insecticides provoquent-ils chez vous des réactions fortes ? 20

13 Les symptômes dont vous souffrez sont-ils accentués par temps humide, ou dans des endroits humides ? 20

14 Présentez-vous ou avez-vous déjà souffert de mycose unguéale ou interdigitale ? 20

15 Ressentez-vous souvent le besoin de manger du sucre ? 10
16 Ressentez-vous souvent le besoin de manger du pain ? 10
17 Ressentez-vous souvent le besoin de boire de l'alcool ? 10
18 La fumée du tabac vous dérange-t-elle ? 10

Symptômes principaux

Si vous présentez un ou plusieurs des symptômes suivants, inscrivez en face de chacun d'eux :

- 3 points si le symptôme est occasionnel ou peu marqué
- 6 points si le symptôme est fréquent ou marqué
- 9 points si le symptôme est sévère et aliénant

1 Fatigue	....
2 Coup de pompe	....
3 Faiblesse de la mémoire	....
4 Sensation de "planer"	....
5 Dépression	....
6 Sensation d'engourdissement, de fourmillement, de brûlure	....
7 Douleurs musculaires	....
8 Faiblesses musculaires ou paralysies	....
9 Douleurs et/ou enflures des articulations	....
10 Douleurs abdominales	....
11 Constipation chronique	....
12 Diarrhée	....
13 Enflures, gonflements	....
14 Pertes blanches, leucorrhées	....
15 Brûlures et démangeaisons vaginales	....
16 Prostatite	....
17 Impuissance	....
18 Diminution ou perte de la libido	....
19 Endométriose	....
20 Dysménorrhée, règles douloureuses et irrégulières	....
21 Syndrome prémenstruel, tension mammaire avant les règles	....
22 Points noirs devant les yeux	....
23 Vision trouble, floue	....

Autres symptômes

Si vous présentez un ou plusieurs des symptômes suivants, inscrivez en face de chacun d'eux :

- 1 point si le symptôme est occasionnel ou peu marqué
- 2 points si le symptôme est fréquent ou marqué
- 3 points si le symptôme est sévère et aliénant

1 Somnolence.	. . . .
2 Irritabilité ou peur.	. . . .
3 Manque de coordination.	. . . .
4 Difficulté de concentration	. . . .
5 Variabilité de l'humeur	. . . .
6 Maux de tête.	. . . .
7 Perte de l'équilibre, vertiges	. . . .
8 Sensation de pression sur les oreilles	. . . .
9 Démangeaisons (besoin de se gratter le dos...)	. . . .
10 Éruptions (urticaire, eczéma, ragades, dartres...).	. . . .
11 Brûlures dans la région du cœur.	. . . .
12 Indigestions	. . . .
13 Éructations, gaz intestinaux	. . . .
14 Selles avec mucus	. . . .
15 Hémorroïdes.	. . . .
16 Bouche sèche	. . . .
17 Éruptions ou cloques dans la bouche.	. . . .
18 Mauvaise haleine	. . . .
19 Arthrite et/ou gonflement des articulations.	. . . .
20 Congestion nasale, écoulement nasal.	. . . .
21 Écoulement nasal postérieur	. . . .
22 Démangeaisons du nez.	. . . .
23 Bouche sèche et endolorie	. . . .
24 Toux	. . . .
25 Douleur ou resserrements au niveau de la poitrine.	. . . .
26 Respiration sifflante ou respiration courte	. . . .
27 Mictions fréquentes et urgentes	. . . .
28 Brûlures mictionnelles	. . . .
29 Vue faible	. . . .
30 Brûlure des yeux et/ou larmes	. . . .
31 Otites fréquentes, cérumen abondant.	. . . .
32 Douleurs des oreilles ou surdité	. . . .

Le **score total** obtenu permet d'orienter le diagnostic vers une éventuelle candidose chronique :

- Les symptômes présentés sont très probablement en rapport avec une candidose chronique si le score obtenu est d'au moins 180 pour une femme et d'au moins 140 pour un homme.
- Une candidose chronique est très probablement présente si le score obtenu est d'au moins 120 pour une femme et d'au moins 90 pour un homme.
- Une candidose chronique est peut-être présente lorsque le score obtenu est d'au moins 60 pour une femme et d'au moins 40 pour un homme.
- Avec des scores inférieurs à 60 pour une femme et à 40 pour un homme, les troubles présentés ne semblent pas liés à une candidose.[16]

❑ ❑ ❑

Il est important de distinguer trois stades de l'agression par le *candida albicans*.

Le stade digestif

Ce que l'on appelle généralement *le réservoir de germes* est situé, pour le *candida albicans*, dans le tube digestif. Le candida est donc un hôte normal de notre système digestif. Il s'y trouve toujours en très petite quantité et ne provoque aucun symptôme spécifique.

Un certain nombre de facteurs prédisposants, qui sont des situations ou des comportements, provoquent des développements sélectifs du *candida albicans* dans le tube digestif :

- grossesse unique ou multiple,
- prise de pilule contraceptive,
- traitement par des corticoïdes,
- traitements par des antibiotiques, en particulier ceux du type *tétracycline* et *pénicilline*,

- chimiothérapie anticancéreuse, radiothérapie, maladies chroniques longues et débilitantes, malnutrition chronique, pose de cathéters à demeure,
- suralimentation,
- alimentation riche en sucreries, en fruits citriques, en sodas et surtout en sucres rapides raffinés.

C'est tout d'abord la reconnaissance de facteurs de risques, dans les antécédents de la personne concernée qui peuvent être responsables du développement anormal du *candida albicans*, qui oriente vers le diagnostic de mycose digestive.

À ce stade de la maladie, il n'y a pas d'autre test permettant un diagnostic valable. La recherche du champignon dans les selles (coproculture) peut apporter une confirmation, mais elle peut aussi rester négative (faux négatifs) et n'est pas un facteur d'exclusion.

C'est donc au niveau de l'estomac et des intestins que se multiplient les candidas, le tube digestif constituant leur plus important réservoir. Ils y provoquent des troubles digestifs chroniques : aigreurs et brûlures, douleurs œsophagiennes, sensations d'être rassasié dès les premières bouchées, gaz, ballonnements, diarrhées, constipations. Le ventre se met à gonfler après chaque repas, obligeant à desserrer la ceinture. La colite intestinale constitue sans doute le symptôme le plus fréquent et probablement le plus banal en cas de candidose chronique.

Dans un deuxième temps, le champignon migre hors du tube digestif, et provoque des troubles principalement cutanés, et des troubles des muqueuses : c'est le stade cutanéomuqueux que nous verrons plus loin.

Le traitement du stade digestif

Le traitement général de la candidose chronique tend à réduire les facteurs de promotion de la croissance du champignon. Quatre points seront particulièrement importants lors de la prise en charge thérapeutique :

1 • Un régime alimentaire strictement suivi pendant toute la période du traitement et même après.

2 • Un programme thérapeutique dirigé contre les candidas.

3 • Un programme de suppléments alimentaires et de vitamines afin de combler les éventuelles carences.

4 • Des mesures pour rétablir une hygiène intestinale correcte.

Il faut d'ores et déjà insister sur le fait que tout traitement de candidose chronique doit être poursuivi fidèlement pendant plusieurs mois pour obtenir des résultats durables. L'alimentation surtout, une fois corrigée, ne doit pas à nouveau se dégrader et revenir aux anciennes habitudes, sous peine de rechutes.

1 • Le régime alimentaire

La correction de l'alimentation est l'un des aspects les plus importants du traitement de fond des candidoses chroniques. Le régime doit proscrire le sucre raffiné et certains autres sucres, tels que le fructose, le sucrose, les jus de fruits citriques, le miel, le sirop d'érable. Le but est de carencer le candida qui se développe dans un milieu riche en sucre. Les levures sont capables de fermenter les sucres alimentaires[17], et la plupart des sucres favorisent la croissance des levures[18] (sucrose, glucose, lactose, maltose, fructose...). L'élimination des amidons céréaliers est également primordiale, en particulier les graines conduisant à la production de maltose[19]. Certains spécialistes autorisent les fruits, mais l'expérience prouve qu'il est préférable de les éliminer totalement.

Doivent également être évités : les aliments contenant une teneur importante en levure ou en moisissures, comme le pain, les fromages, les boissons alcooliques, les fruits secs, les cacahuètes ; le lait et les produits laitiers à cause de leur haute teneur en lactose (le sucre du lait) et la présence hélas fréquente d'antibiotiques.

De même, tous les allergènes connus doivent être éliminés car les allergies affaiblissent le système immunitaire, ce qui crée un environnement propice pour le développement du champignon.

Un aliment particulièrement efficace pour lutter contre les candidas est l'ail, qui a montré une activité fongicide sur un grand nombre de souches de champignons[20]. L'ail est beaucoup plus actif sur le *candida albicans* que la nystatine, le violet de gentiane et six autres antifongiques connus[21].

Régime type

Éviter le contact de tous les allergènes alimentaires connus. Les aliments qui peuvent être consommés librement sont les légumes (exceptés ceux cités précédemment), les sources habituelles de protéines (légumineuses, viande, poulet, poisson, dinde...), ainsi que les céréales complètes (en évitant toutefois celles trop riches en gluten, comme le blé et le seigle).

• *Sucres*

Éviter les aliments riches en hydrates de carbone, en sucre raffiné (sucrose, fructose), les jus de fruits citriques, le miel, le sirop d'érable, les fruits secs, les fruits en général, exceptés ceux mentionnés ci-contre.

Limiter la consommation de légumes riches en hydrates de carbone, comme les pommes de terre, le maïs, le panais.

• *Ferments*
Éviter les aliments contenant des levures, des moisissures ou des ferments, comme le pain, les fromages fermentés, les champignons crus, le vinaigre, les boissons fermentées (bière, cidre, etc.), la sauce soja, le tamaris, les yogourts.

• *Céréales riches en gluten*
Éviter le blé, le seigle, l'avoine, l'orge et le sarrasin.

• *Fruits*
Éviter la consommation d'agrumes riches en acide citrique (citrons, oranges, pamplemousses, ananas, citrons verts) qui sont fortement alcalinisants et favorisent le développement des candidas. On évitera également le melon. Sont permis : les pommes, les cerises, toutes les baies, les poires.

• *Produits laitiers*
Éviter le lait et les produits laitiers qui contiennent du lactose et souvent des antibiotiques, sauf le fromage blanc.

• *Alcools et divers*
Éviter l'alcool, les cacahuètes, les noix, le chocolat, le jambon, les pickles, les tomates, les boissons gazeuses.

2 • Les substances *anti-candida* pour le tube digestif

• *Acide caprylique*
L'acide caprylique, qui est un acide gras naturel, a été signalé comme étant un antifongique efficace pour le traitement des candidoses chroniques[22]. Il est nécessaire cependant d'employer une forme retard qui ralentit son absorption intestinale, normalement trop rapide[23], et permet un délitement plus lent au long du transit intestinal.

• *Ail*
L'ail s'est révélé être un puissant antifongique naturel contre une grande variété de champignons. L'ail est particulièrement efficace contre le *candida albicans*, bien plus que ne le sont les antifongiques synthétiques chimiques[24].

• *Berberis vulgaris*
Dans les médecines traditionnelles, l'épine-vinette a été utilisée comme antidiarrhéique et agent anti-infectieux efficace. Son action thérapeutique est due à sa forte concentration en un alcaloïde : la berberine, dont l'activité antibiotique et antifongique est très documentée[25]. C'est un agent antimicrobien contre une grande variété de micro-organismes, dont le *candida albicans*. Son action sur le candida est semblable à celle sur les bactéries. Elle empêche en particulier le développement du candida qui survient normalement après un traitement par antibiotiques. Elle a une puissante action de normalisation du contenu bactérien de l'intestin, en agissant à la fois sur les bactéries pathogènes et sur les champignons.

La diarrhée est un symptôme fréquent chez les sujets porteurs d'une candidose chronique. La berberine a une activité antidiarrhéique remarquable, même dans les cas sévères. Elle a montré des résultats cliniques incontestables dans les cas de gastro-entérites sévères de diverses origines : choléra, amibiase, giardiase, entérites à colibacilles, à klebsielles ou à shigellae, salmonellose, et également dans les cas de diarrhée à candidose intestinale.

La berberine est également très utile par son action immuno-stimulante, en particulier sur la rate dont elle renforce l'activité. Elle contribue ainsi à augmenter l'activité immunitaire du système réticulo-endothélial[26]. La berberine a également montré une action sur les macrophages[27], qui luttent contre le développement des virus, des cellules tumorales, des champignons et des bactéries.

D'autres plantes contiennent également de la berberine : *hydrastis canadensis et berberis aquifolium.*

• *Pau d'Arco (Lapacho)*
Connue depuis longtemps dans la médecine traditionnelle, cette plante sud-américaine est utilisée dans le traitement des infections et du cancer. La plupart de ses actions sont dues à la présence d'un alcaloïde particulier : le lapachol, considéré comme l'un des agents naturels antitumoraux les plus puissants.

La plante contient un autre composé appelé la xyloidine qui, associée au lapachol, possède une activité antifongique notoire[28].

• *Matricaria chamomilla*
La camomille allemande contient plusieurs composés qui détruisent le candida. Elle est traditionnellement utilisée pour les colites, les diarrhées, les indigestions, qui sont des symptômes de candidose chronique[29].

• *Echinacea purpurea*
Une étude comparative a été réalisée en utilisant un extrait de Echinacea purpurea comme agent immuno-stimulant afin de tester la fréquence de récidive des mycoses chroniques et récidivantes à *candida albicans*[30]. L'étude a été menée par contrôle de l'immunité à médiation cellulaire grâce à des multitests Mérieux™. L'extrait de plante a été administré par voie intramusculaire et en gouttes buvables.

Déjà après deux semaines de traitement, on constate dans le groupe traité une augmentation statistiquement significative des lymphocytes T, et après 10 semaines, une réduction notoire du pourcentage des candidoses récidivantes par rapport au groupe témoin.

• *Extrait de pépin de pamplemousse*
Il s'agit d'un extrait concentré qui s'utilise en petites quantités (10 gouttes par jour) et qui permet de nettoyer le tube digestif des candidas qui s'y sont développés en excès.

• *Épices*
Certaines épices, telles que le gingembre, le cinnamonum, le thym, la mélisse, le romarin, contiennent des substances à activité fongicide[31].

3 • Les compléments alimentaires
On sait que tous les nutriments sont importants pour l'équilibre immunitaire. La carence d'un seul d'entre eux peut donc être responsable du développement d'une candidose. Voici ceux qui sont plus particulièrement impliqués lors d'une candidose récidivante :

- la vitamine A[32],
- la vitamine C[33],
- la vitamine B6,
- le zinc[34],
- le magnésium[35],
- le sélénium[36],
- les acides gras poly-insaturés[37],
- l'acide folique[38],
- le fer.

Un déficit de ces nutriments a systématiquement été constaté chez les sujets souffrant d'une candidose chronique. Leur carence constitue donc un facteur de risque d'apparition d'une candidose[39].

La correction d'une carence en nutriments est d'une importance capitale lors du traitement de fond d'une candidose chronique, et l'emploi d'une préparation polyvitaminique et minérale très concentrée est souvent indispensable.

La candidose chronique peut également perturber l'absorption digestive de certains minéraux, en particulier le *magnésium* dont la carence peut être responsable d'un déséquilibre du système nerveux sympathique et d'un tableau clinique appelé la *spasmophilie*.

La supplémentation en zinc est souvent utile dans toutes les infections chroniques afin de prévenir leur récidive. Il est possible d'utiliser le sulfate, le gluconate ou l'orotate de zinc, ou encore le zinc chélaté à une protéine.

La supplémentation polyvitaminique doit intervenir conjointement à l'utilisation des médicaments antifongiques locaux énumérés plus haut, et en association avec les corrections de l'alimentation.

4 • L'hygiène intestinale

• *Lacto-bactéries*

L'acidophilus est le type de bactérie que l'on trouve normalement dans les yogourts. Il est capable de ralentir le développement des cultures de *candida albicans*[40]. Mais de nombreux sujets sont allergiques aux produits laitiers. Aussi est-il nécessaire de le prescrire sous forme de capsules.

Lactobacillus et lactobifidus sont des bactéries symbiotiques qui se trouvent normalement dans le tube digestif et font partie de la flore intestinale normale. Ils sont tués par les antibiotiques et doivent être réensemencés systématiquement après les traitements chimiques antibactériens, mais peuvent être pris de manière systématique en cures préventives, ou pendant plusieurs jours après chaque irrigation côlonique.

• *Hydrothérapie du côlon*

Le développement des candidas commence toujours au niveau du tube digestif et, de manière préférentielle, au niveau du gros intestin et du cæcum. Afin d'éliminer le plus efficacement et le plus rapidement possible les colonies de champignons, il est conseillé de pratiquer des lavements intestinaux. Mais les simples lavements rectaux ne peuvent que difficilement atteindre cette région intestinale profonde. Aussi la technique de choix pour nettoyer correctement le côlon en cas de candidose chronique est-elle certainement l'irrigation côlonique (ou hydrothérapie du côlon).

Il s'agit d'un lavement à grande eau du côlon qui permet un nettoyage complet, plus en profondeur qu'un simple lavement. Cette technique est possible grâce à un appareil sophistiqué[41], branché sur l'eau courante et qui, équipé d'un système de filtres, de détendeurs, de manomètres et de mitigeurs, permet d'obtenir une eau douce, pure, et un débit, une pression et une température stables pendant tout le traitement.
L'eau est introduite au moyen d'une canule à double fonction : un petit tuyau permet l'arrivée de l'eau, un plus gros permet l'évacuation des matières fécales. En actionnant une vanne qui contrôle l'ouverture ou la fermeture de l'arrivée d'eau, on provoque, par vagues successives, l'évacuation de la totalité des matières contenues dans le côlon, sans effort et sans douleur. Le traitement complet consomme environ 100 à 150 litres d'eau et dure environ une heure.

La fréquence des traitements dépend de l'état de santé du malade et doit être évaluée par le médecin. Il est conseillé de faire plusieurs séances espacées de quelques jours (de 3 jours à une semaine). Un résultat se fait rarement sentir dès la première séance, mais souvent après trois traitements.

L'hydrothérapie du côlon permet non seulement un nettoyage complet de la muqueuse intestinale, mais constitue également une méthode diagnostique. Des vers intestinaux insoupçonnés peuvent ainsi être mis en évidence. Selon l'aspect, la couleur et l'état des matières, on peut mieux apprécier le fonctionnement intestinal. Le patient ayant la possibilité de vérifier l'état de ses selles comprend très vite les raisons des troubles pour lesquels il consulte. L'hydrothérapie du côlon permet de se sentir *propre,* comme *remis à neuf* et *léger*. Les ballonnements, gaz et gênes diverses, disparaissent. Non seulement la personne se sent en meilleur état sur le plan digestif, mais encore, les organes de voisinage (vessie, utérus, ovaires, reins) n'en seront que plus à l'aise. Il s'agit d'une véritable cure de décrassage et de purification.

Le stade cutanéo-muqueux

Dans un deuxième temps, le champignon migre hors du tube digestif et provoque des troubles principalement cutanés et des muqueuses :

- Vers le haut du tractus digestif, la migration provoquera du muguet, des eczémas mycosiques du cou, du cuir chevelu (un grand nombre de chutes de cheveux sont dues à un eczéma mycosique du cuir chevelu), un eczéma des aisselles, de la poitrine.

- Vers le bas du tractus digestif, la migration sera responsable d'eczéma péri-anal. Le rectum semble être le réservoir le plus probable pour une infection du vagin, lors de vaginite à *candida albicans*. Il est en effet fréquent d'isoler le champignon au niveau du rectum des femmes atteintes de cette affection. Chez l'homme, au contraire, la balanite mycosique est plutôt secondaire à une contagion après un rapport sexuel. Les mycoses des pieds et des ongles des doigts de pied sont également secondaires à un développement trop important du champignon dans le tube digestif.

Le traitement comporte plusieurs aspects. Il est en effet impératif d'associer au traitement local un traitement du tube digestif, un régime alimentaire et un traitement général, sous peine de voir l'eczéma mycosique ou la vaginite prendre un caractère récidivant.

Le traitement du stade cutanéo-muqueux est local
Il est ici possible d'utiliser une crème pour les eczémas cutanés, ou des ovules gynécologiques pour les vaginites mycosiques. Les préparations pharmaceutiques (qu'elles soient chimiques ou naturelles) sont nombreuses et efficaces sur les lésions locales. Mais si ce traitement est indispensable pour soigner les poussées de candidose cutanéo-muqueuse, il reste insuffisant pour régler le problème de fond.

Le stade sérique

Le lien existant entre la candidose et le système immunitaire est réel et complexe. L'infection par le *candida albicans* peut en effet être à la fois la cause et la conséquence d'un affaiblissement des systèmes immunitaires chargés de la défense de l'organisme. Il existe deux formes principales de défense immunitaire : une forme qui est liée aux cellules (lymphocytes T, cellules K, macrophages, granulocytes éosinophiles), et une forme dite humorale qui est liée aux différentes immunoglobulines (sécrétées par les plasmocytes). La complexité vient d'une part du fait que les candidas déjouent souvent par leur diversité antigénique et leurs mécanismes d'adaptation ces défenses immunitaires, et d'autre part parce qu'il est souvent difficile de déterminer si leur développement est la cause ou la conséquence du déséquilibre immunitaire.

La baisse de l'immunité provoque le développement du candida albicans

Si les individus qui possèdent un système immunitaire actif luttent rapidement contre les infections fongiques, il n'en est pas de même chez les sujets qui présentent une dépression des fonctions immunitaires cellulaires, principalement assurées par les lymphocytes T.

Certaines circonstances favorisent en effet une baisse de l'immunité de manière passagère ou constante. Chacune d'elles constitue un terrain qui permettra le développement d'infections de type opportuniste dont la candidose fait partie. Imaginons que ce système immunitaire cellulaire soit, pour une raison ou une autre, en situation de faiblesse, les processus chargés du contrôle des levures dans l'intestin ne sont alors plus en mesure de l'assumer correctement. Ils peuvent être rapidement dépassés et les colonies de candidas se mettent à se multiplier, puis à migrer.

Ces facteurs sont nombreux :

- alimentation pauvre et déséquilibrée,
- stress excessif,
- conditions immunodépressives (maladies auto-immunes, cancers, leucémies, Sida, traitements chimiothérapiques anticancéreux, radiothérapies...),
- exposition exagérée au soleil,
- prise de certains médicaments altérant le système immunitaire (immunodépresseurs, corticoïdes, antibiotiques...),
- prise régulière de la pilule anticonceptionnelle, grossesse,
- diabète.

Certains médicaments chimiques provoquent le développement des champignons

L'utilisation prolongée d'antibiotiques est connue comme étant un facteur déclenchant des plus importants. En faisant disparaître une grande partie de la flore bactérienne de protection et en déprimant le système immunitaire, les antibiotiques favorisent le développement du *candida albicans*. Il se produit souvent un cercle vicieux : un sujet qui présente un déficit immunitaire est plus enclin à développer une infection bactérienne, que l'on traitera alors par antibiothérapie. Et ce traitement provoquera une poussée de candidose et un affaiblissement immunitaire qui sera rapidement responsable d'une récidive de l'infection bactérienne.

À cette action indirecte par modification de l'environnement s'ajoute parfois une action directe. Certains antibiotiques à large spectre, comme la néomycine et les tétracyclines, stimulent la prolifération des candidas qui, semble-t-il, peuvent s'en nourrir.

D'autres médicaments chimiques provoquent le développement des candidas : les corticostéroïdes, les médicaments anti-ulcéreux[42]. Les sujets prenant régulièrement des drogues telles que la cimétidine (Tagamet) ou la ranitidine (Zantic) sont plus prédisposés à être porteurs d'une candidose chronique au niveau de l'estomac. Ceci met en valeur le rôle des sécrétions d'acide chlorhydrique dans la prévention naturelle du développement des *candidas albicans* au niveau de l'estomac[43].

L'effet dépresseur sur l'immunité des immunodépresseurs est évident par définition. Ils sont classiquement utilisés pour empêcher les phénomènes de rejet après la greffe d'un organe. Mais on les emploie également lors du traitement de certaines maladies auto-immunes.

La généralisation des hormones sexuelles de synthèse utilisées dans les contraceptifs oraux a favorisé un grand développement de candidoses vaginales, puisqu'une étude américaine montre que le champignon a été retrouvé dans le vagin de 61 % des femmes pratiquant ce type de contraception. Ce pourcentage augmente proportionnellement avec la durée de la prise de la pilule.

Les autres facteurs de baisse de l'immunité

Lorsque le système immunitaire est déficient, le candida se développe plus rapidement. C'est la raison pour laquelle un système immunitaire sain est capital pour prévenir l'envahissement de l'organisme par des champignons. La partie du système immunitaire impliquée dans le contrôle du développement des candidas est celui à médiation cellulaire, qui contrôle également la lutte contre les cellules tumorales et les virus. Outre certains médicaments, d'autres facteurs peuvent le fragiliser : irradiations, polluants chimiques de l'environnement, carences alimentaires en nutriments (minéraux et oligo-éléments), et certaines maladies telles que cancer, diabète, hypothyroïdie, alcool et stress.

Agressions psychiques et stress

Notre époque est dominée par la nervosité, et nous sommes tous concernés par ce problème qui fait partie de la vie quotidienne, et surtout de la vie citadine. Chacun de nous en souffre donc plus ou moins. Les contrariétés, le bruit de fond permanent, les pertes de temps, les stations debout prolongées, les files d'attente interminables, qui constituent le pain quotidien de notre vie publique, contribuent à alimenter cette nervosité. Malgré beaucoup de philosophie et une bonne dose d'humour, les plus patients finissent par s'exaspérer. Soupirs et trépignements n'en constituent qu'un piètre exutoire, et l'accumulation jour après jour de ces multiples désagréments aboutit à créer ce que l'on a coutume d'appeler *le stress.*

On doit le terme stress au physiologiste américain Walter Cannon qui, en 1920, le définissait *« comme un état dans lequel se met un animal face à une stimulation suscitant chez lui une réponse de fuite ou de lutte »*. En 1950, le mot passe dans le langage populaire grâce aux travaux du physiologiste canadien Hans Selye (1907-1982). Ce dernier démontra que toutes les agressions auxquelles nous sommes soumis, qu'elles soient physiques ou psychiques, déclenchent des réactions identiques d'autodéfense non spécifiques. Il appelle *syndrome général d'adaptation* l'ensemble de ces réactions et décrit le déroulement de la réponse organique à la situation stressante en trois étapes :

1 • La *réaction d'alarme,* qui correspond au choc et à la mise en place des réactions de défense.
2 • Le *stade de résistance,* qui est l'étape de l'adaptation avec mise sous tension maximale pour le combat ou la fuite.
3 • Le *stade d'épuisement,* qui survient lorsque le sujet ne peut plus maintenir ses réactions de défense, en cas d'agression trop intense ou trop prolongée.

Hans Selye affirmait que *« chaque exposition à un stress laisse une trace indélébile en ce sens qu'elle épuise les réserves d'adaptation qui ne peuvent être remplacées »,* et il concluait que la plupart des maladies humaines sont des *maladies d'adaptation*, conséquences du syndrome de stress[44] !

La Psycho-Neuro-Immunologie

Négligé pendant longtemps, ce facteur psychique qu'est le stress est actuellement considéré comme un des fléaux de notre vie moderne. Il existe maintenant une nouvelle science qui vient des États-Unis et qui cherche à évaluer les conséquences du stress sur notre santé en général et sur notre équilibre immunitaire en particulier : la *Psycho-Neuro-Immunologie*. Il existe en effet un rapport entre nos systèmes nerveux et immunitaire, et les chocs psychologiques retentissent sur l'organisme en général par l'altération qu'ils provoquent sur notre système de défense.

Une étude biologique menée sur des étudiants américains en période d'examen a montré une baisse significative de leur coefficient immunitaire[45] pendant cette période de stress. Elle a en effet mis clairement en évidence une variation corrélée du taux d'une certaine catégorie des lymphocytes appelés *natural killers* avec l'intensité du stress.

Le stress est donc le plus souvent insidieux et cumulatif, martelant chaque jour notre vie au travers des mille soucis de chacun. Généralement, il a peu d'influence réelle sur notre santé et se marque le plus souvent par une fatigue plus ou moins exprimée. Celle-ci ne suffit fort heureusement pas à déclencher une maladie grave ou chronique.

Le stress constitue en fait la *toile de fond* quasi permanente de notre vécu, résultant des diverses agressions auxquelles sont soumis quotidiennement notre système nerveux, et par son intermédiaire, notre système immunitaire. Cependant, certaines dispositions intérieures sont plus pernicieuses et peuvent être le préambule à un mal-être persistant, constituant de véritables épines irritatives au niveau de l'âme. C'est le cas des colères rentrées, des jalousies maladives, des conflits latents non exprimés, de l'intransigeance, des troubles de la sexualité...

Un pas de plus et nous arrivons au stress violent, au traumatisme du sentiment qui perturbe l'âme et y laisse une profonde cicatrice.

Une *échelle du stress* (échelle de Holmes) permet de quantifier 41 événements de la vie courante selon une gradation statistiquement éprouvée. Elle permet d'évaluer pratiquement l'importance d'un événement traumatisant.

Il existe incontestablement une réalité qui relie ce qu'on pourrait appeler *l'état d'âme* et l'apparition des maladies au niveau physique. Continuer à le nier témoignerait d'un manque de jugement évident, mais ne considérer que l'âme seule comme source unique des maladies serait faire preuve d'une étroitesse de vue aussi coupable que celle qui n'admettrait comme cause de maladie qu'une origine physique. Il paraît impossible d'envisager une conception de la maladie qui dissocie le corps, l'âme et l'esprit, et c'est finalement au niveau de l'esprit que se trouve une cohésion propre à comprendre cet ensemble qu'est l'être humain.

Il faut tout d'abord retenir le fait qu'un traumatisme psychique important puisse être responsable d'un déséquilibre immunitaire durable ayant des conséquences sur tous les plans. Elle confirme les études de psycho-neuro-immunologie qui ont été signalées auparavant et démontre la relation directe des situations stressantes et des troubles physiques de la santé.

Ensuite, les déséquilibres psychiques peuvent à juste titre entrer dans le cadre général des symptômes de spasmophilie. On peut alors les traiter comme tels par des sédatifs, des anxiolytiques et des somnifères pendant de nombreuses années. Mais si le traumatisme est le facteur initiateur des troubles, c'est sur le plan immunitaire qu'il faut chercher la cause des signes psychiques. Le développement du candida, lié à la baisse subite et importante de l'immunité, est responsable d'une véritable intoxication toxinique chronique, et certaines de ces toxines sont neurotoxiques.

Enfin, les troubles de la gestion de l'eau : syndrome prémenstruel, prise de poids, cellulite, troubles de la circulation, sont classiques lors d'une candidose chronique.

Le développement du candida albicans est un facteur de baisse de l'immunité

Le développement exagéré des candidas est responsable d'une quantité croissante de toxines qui, à leur tour, affaiblissent le système immunitaire humoral. Une étude menée au Johns Hopkins Hospital montre que 70 % des patients atteints de candidose chronique présentaient une maladie chronique associée et liée à une baisse immunitaire : cirrhose, anémie grave, maladie du système glandulaire ou maladies de peau, telles que vitiligo ou psoriasis.

La candidose chronique peut donc elle-même jouer le rôle de facteur aggravant pour d'autres pathologies, et en particulier pour l'urticaire, la colite chronique, le psoriasis, le Sida et la dépression.

Interaction entre le candida albicans et la défense immunitaire de l'organisme-hôte[46]

Le pouvoir des cellules de *candida albicans* de se fixer aux cellules de l'hôte par adhérence est décisif pour le déclenchement des processus immunitaires et capital pour celui de l'infection. Cette phase préliminaire dépend de la constitution biochimique de la surface de la paroi des levures ainsi que de la qualité de l'épithélium, qui possède ou non des sites récepteurs sur lesquels pourront se fixer les levures. Des trois constituants principaux de la membrane cellulaire du candida, deux sont des polysaccharides (le glucane et la chitine) qui servent au maintien de la forme de la levure. Le troisième (le mannane) est constitué d'unités de mannose. Ce polysaccharide, qui est couplé à d'autres protéines de la paroi cellulaire de la levure (sous forme de mannoprotéine), a la capacité de se coupler à certaines protéines de la paroi épithéliale de l'hôte et d'être à l'origine de l'adhésivité des cellules du candida aux parois des tissus. Cette glycoprotéine possède donc des propriétés fonctionnelles d'une importance exceptionnelle pour la manifestation de la candidose. Elle est à l'origine de l'adhérence des cellules de *candida albicans* aux cellules de l'hôte.

Divers tests *in vitro* ont permis d'étudier le mode de fixation du *candida* aux cellules humaines. Les modèles expérimentaux ont été : des kératocytes, des cellules de muqueuse buccale, des cellules uro-épithéliales, des cellules de l'épithélial vaginal, des thrombus de fibrine et des surfaces de matière synthétique simulant des protéines. La mannoprotéine, isolée de la paroi cellulaire du candida, peut donc se lier aux différents récepteurs des cellules membranaires de l'hôte. Cependant, si le polysaccharide est préalablement dissocié par un procédé enzymatique (par exemple au moyen de mannosidase), il ne se produit plus d'adhérence aux cellules humaines.

Il est intéressant de noter que la mannoprotéine a le pouvoir d'activer le complément par mimétisme moléculaire. Ce système enzymatique fait partie du système de défense humoral et provoque l'activation cellulaire, l'opsonisation (la fixation d'opsonines comme certains facteurs du complément, rendant ainsi leur phagocytose possible par les macrophages) et la cytolyse. Cette capacité d'activer le complément est particulièrement développée pour la forme virulente du *candida albicans.*

On a en effet constaté que l'adhérence du champignon aux cellules épithéliales de l'hôte est considérablement plus forte dans la phase mycélienne du champignon que dans la phase levure. Certains antigènes de surface ne se forment que sur les mycéliums pendant la colonisation des tissus de l'hôte. La liaison entre les composants du complément et les récepteurs localisés sur les cellules de candida repose sur un effet *lectine-like* : les lectines sont des protéines pourvues de sites d'identification pour des structures polysaccharidiques spéciales.

La défense immunitaire cellulaire joue le rôle principal dans la défense contre le *candida albicans*. Certaines structures superficielles antigéniques du champignon déclenchent une stimulation de la population des lymphocytes T. Ces dernières sécrètent des lymphokines, provoquant premièrement l'attraction chimiotactile des monocytes en circulation (macrophages et cellules présentant l'antigène). Dans un second temps, les macrophages phagocytent les levures, puis l'inhibition des macrophages se produit afin d'arrêter le processus. Des mécanismes d'immunité cellulaire intacts sont ainsi capables d'éliminer le *candida albicans*, que ce soit sous sa forme de levure ou de moisissure.

Cependant, si les conditions du milieu permettent un développement rapide du candida, l'activité des macrophages est vite débordée. Les nombreux sites d'activation du complément présents sur la surface du mycélium engendrent la formation de véritables *ponts* constitués de facteurs C3 et C4 du complément, qui relient entre eux plusieurs hyphes (ou pseudo-hyphes), donnant ainsi naissance à des agrégats d'une certaine grandeur qui ne peuvent plus être phagocytés par les macrophages. De plus, ce processus consomme beaucoup de facteurs du complément, ce qui diminue proportionnellement les capacités de reconnaissance et de phagocytose.

Les macrophages, qui tuent et digèrent les micro-organismes phagocytés principalement à l'aide des enzymes hydrolase acide et peroxydase contenues dans leurs lysosomes, sont soutenus dans leur activité par les granulocytes neutrophiles. Ces derniers possèdent comme principe actif de la myéloperoxydase, une enzyme qui, en présence de H_2O_2 et d'anions halogènes, provoque l'halogénation des protéines de candida.

La myéloperoxydase s'attache de façon préférentielle à la mannoprotéine externe des cellules de candida ; celles-ci se soustraient cependant à cette attaque par une sorte de mimétisme. C'est ainsi que les hyphes de candida phagocytés sécrètent une substance qui se dépose sur les récepteurs pour candida à la surface des granulocytes, les entravant dans leur tâche véritable, à savoir leur fixation sur les myméliums encore vivants.

Sur le plan de l'immunité humorale, le *candida albicans* se soustrait aux mécanismes de défense grâce au dimorphisme levure/moisissure. Au cours de cette morphogenèse, les couches les plus superficielles ainsi que les couches profondes de la paroi cellulaire sont transformées chimiquement. De ce fait, les anticorps dirigés contre la forme levure ne peuvent plus identifier la forme pathogène du champignon, qui se présente alors sous forme de mycélium. Ils perdent ainsi leur fonction protectrice.

La propriété des agents infectieux de duper les mécanismes de défense de l'organisme grâce à un mimétisme moléculaire, et de garantir ainsi leur propre survie, se retrouve chez de nombreux microbes. Les mécanismes d'adaptation du *candida albicans* à la défense immunitaire de l'organisme humain sont extraordinairement subtils et variés. Le champignon levure-moisissure possède des propriétés qui lui permettent de déjouer les tentatives de défense dirigées contre lui. Il réalise une forme de parasitisme particulièrement bien réussie.

Immuno-déficit induit par les infections chroniques à candida albicans[47]

La production de mannane, incapable d'être dégradé par les cellules monocytaires de son hôte, entraîne une absence de réponse immunitaire effective, thymodépendante, qui permet le développement d'une infection chronique récidivante. Le mannane exerce une activité suppressive directe sur les processus de l'immunité cellulaire (activation des lymphocytes T suppresseurs[48] et inhibition de la présentation de l'antigène par le monocyte[49]).

Ces deux mécanismes sont responsables du déficit immunitaire observé au cours des poussées aiguës de candidose chronique cutanéo-muqueuse. De plus, les lymphocytes T de patients atteints de cette pathologie – testés lors des périodes de rémission clinique de la maladie – sont plus sensibles à l'activité suppressive du mannane que des lymphocytes T normaux.

Tout porte à croire que le déficit immunitaire cellulaire spécifique, observé lors des phases aiguës de candidoses, est secondaire à l'accumulation du mannane lui-même, au développement rapide des *candidas albicans*.

Le traitement du stade sérique

À ce stade de la maladie, le traitement est difficile et long. Il sort manifestement du cadre de cet exposé.

Conclusion

Cette maladie est insidieuse et complexe. On a pu voir qu'au premier stade, on s'adresserait plus volontiers au gastro-entérologue, que pour le deuxième stade, on ferait appel au gynécologue ou au dermatologue, et le troisième stade concernerait davantage l'allergologue ou l'immunologiste. En fait, il s'agit de l'évolution progressive d'une pathologie due à une cause unique, dans laquelle la fatigue est toujours présente, et parfois très importante.

❑

CHAPITRE 2

L'hypoglycémie fonctionnelle

On définit l'hypoglycémie comme une baisse du taux du sucre dans le sang. Il ne s'agit pas d'une maladie, mais d'un symptôme indiquant un dysfonctionnement des mécanismes qui gèrent le taux du glucose sanguin. Dans les conditions normales de bonne santé, il n'y a pas d'hypoglycémie, mais ce symptôme se manifeste chez 10 à 25 % de la population des pays industrialisés. Bien qu'il soit relativement fréquent, il est généralement négligé ou mal interprété.

L'hypoglycémie n'a été décrite et expliquée qu'en 1924, à la suite de la découverte de l'insuline et de son utilisation pour le traitement du diabète. Le Dr Seale Harris avait remarqué que les personnes présentant des malaises hypoglycémiques présentaient les mêmes symptômes que les diabétiques auxquels on administrait de trop fortes doses d'insuline. Il décrivit donc ces malaises comme étant dus à un hyperinsulinisme et publia sa découverte dans le *Journal of the American Medical Association*[50].

Poursuivant ses observations, Harris se rendit rapidement compte que l'hypoglycémie n'avait pas pour unique cause une surproduction d'insuline, mais qu'elle était le reflet d'un dysfonctionnement glandulaire plus complexe au niveau des organes impliqués dans la régulation du taux du sucre sanguin : l'hypophyse, la thyroïde, les surrénales, le foie et le pancréas.

En 1932, Walter Cannon, un éminent physiologiste, mit en évidence l'importance du sucre pour les processus vitaux de l'organisme en général, et son rôle capital pour le fonctionnement correct du cerveau, du système nerveux central et des muscles. Une baisse prolongée du taux sanguin du glucose pouvant être rapidement préjudiciable aux fonctions de conscience.

En 1936, le Dr Max Goldzieher confirma les premières découvertes du Dr Harris en publiant une étude très documentée sur le syndrome hypoglycémique, insistant sur le caractère pluri-glandulaire de l'origine de l'affection.

Peu à peu, le milieu médical prit conscience de l'importance que jouait le sucre dans le métabolisme de l'organisme en général et des organes nobles en particulier. On découvrit ainsi que le taux sanguin du glucose intervenait dans un grand nombre d'affections : l'asthme, le rhume des foins, diverses allergies, l'arthrite rhumatoïde, le diabète et la sclérose en plaques.

Hoffman et Saltzer décrivirent le rôle que jouait l'hypoglycémie dans les désordres neuropsychiques, et Halonen et Sandler dans les maladies du cœur et des vaisseaux. L'hypoglycémie se trouve également impliquée dans la fatigue, la dépression, l'alcoolisme chronique, la dépendance aux drogues, le comportement asocial, la délinquance juvénile, les retards scolaires, les phobies, le syndrome prémenstruel, la maladie de Ménière et la tendance suicidaire.

En 1949, le Dr Harris reçut une distinction de l'Association médicale américaine pour avoir été le premier à décrire le syndrome d'hypoglycémie. Mais si ce syndrome semblait être bien identifié et clairement décrit dans les milieux scientifiques, il en était tout autrement au niveau de la pratique médicale, où cette affection continuait à être totalement méconnue ou ignorée. Les patients qui en souffraient n'étant pas diagnostiqués, ils ne recevaient pas de traitement adéquat.

En 1951, le Dr Abrahamson se décida à publier un livre pour le grand public afin de divulguer plus largement ce qui était maintenant bien connu scientifiquement, mais dont le concept se heurtait à l'*establishment* médical. Son livre, *Body, mind & sugar* (Corps, esprit et sucre), fut un best-seller. Pour la première fois, les malades comprenaient leur problème et avaient directement accès aux moyens pour y remédier.

Il a fallu attendre l'année 1968 pour que paraisse un article publié par l'*Association des médecins américains,* intitulé *L'hypoglycémie, une pénurie du fuel de l'organisme*[51]. Cet article expliquait en détail la situation : le syndrome d'hypoglycémie est une réalité trop souvent négligée. Son diagnostic est fréquemment omis à cause de l'extrême variabilité de ses manifestations, et pourtant, elle peut être traitée avec succès par des conseils alimentaires simples.

Dès lors, la chose étant devenue *officielle*, l'ensemble du corps médical fit les tests nécessaires pour l'identifier. L'hypoglycémie fut ainsi reconnue comme un symptôme très fréquent, de diagnostic facile et de traitement efficace.

Symptômes

Le cerveau et le système nerveux central se nourrissent presque essentiellement de l'apport en glucose sanguin. C'est la raison pour laquelle une baisse de sucre dans le sang a un effet rapide et important sur la conscience et les fonctions neurologiques. Un organisme bien portant est capable d'équilibrer très vite les fluctuations de la glycémie[52] dues aux repas, aux collations (souvent riches en sucres rapides) et à la consommation de sucre par les tissus de l'organisme (surtout le cerveau, les muscles et le système nerveux).

Chez un sujet souffrant d'hypoglycémie, cet équilibre est très précaire et les variations de la glycémie sont fréquentes et importantes, surtout dans le sens du manque. Les passages d'hypoglycémie sont alors accompagnés de manifestations cliniques qui peuvent simuler la presque totalité des désordres psychiques, voire psychiatriques, de perturbations neurologiques ou de signes d'instabilité psycho-émotionnelle.

❑ ❑ ❑

Les symptômes-clés[53]

Symptômes psychiques

• Dépression	60 %
• Insomnie	50 %
• Anxiété	50 %
• Irritabilité	45 %
• Phobies	31 %
• Difficultés de concentration	30 %
• Confusion, désorientation	26 %
• Comportement asocial	22 %
• Agitation	20 %
• Tendances psychotiques	12 %
• Tendances suicidaires	10 %

Symptômes somatiques

• Fatigue	67 %
• Palpitations cardiaques, tachycardie	37 %
• Sueurs	41 %
• Sensation de faim ou anorexie	32 %
• Mauvaise digestion, ballonnements	29 %
• Froideur des extrémités	26 %
• Obésité	19 %
• Douleurs des articulations	23 %
• Spasmes abdominaux	16 %

Symptômes neurologiques

• Maux de tête	45 %
• Vertiges	42 %
• Vision floue	24 %
• Élocution confuse, torpeur	29 %
• Marche titubante	18 %
• Tremblements	38 %
• Douleurs musculaires	23 %
• Perte de conscience, évanouissements	14 %
• Convulsions	4 %

(Cette étude repose sur 300 cas ; le pourcentage correspond au nombre de fois où le sujet a rapporté le symptôme).

Souffrez-vous d'hypoglycémie ?

L'Association des hypoglycémiques du Québec a mis au point un questionnaire qui permet de dépister les sujets qui présentent des signes de ce syndrome.

Le tableau qui suit permet d'obtenir un score. Si ce score est égal ou supérieur à 25, un test médical plus approfondi est nécessaire pour diagnostiquer plus précisément l'affection (ce score ne s'applique qu'à la première série de questions).

Pour remplir ce test, il suffit d'inscrire :

- 1 point si le symptôme est léger,
- 2 points si le symptôme est marqué, mais occasionnel,
- 3 points si le symptôme est marqué et régulier.

Symptômes	*Score*
1 Je me sens fatigué le matin au réveil	......
2 Je suis plus en forme le soir et j'ai de la difficulté à aller me coucher	......
3 J'ai un besoin anormal de sucré	......
4 J'ai des maux de tête la nuit, le matin au réveil ou en fin de matinée	......
5 Je consomme de l'alcool	......
6 J'ai des allergies, une tendance à l'asthme, le rhume des foins, des éruptions cutanées	......
7 Je me réveille après quelques heures de sommeil	......
8 Je me rends compte que je respire péniblement	......
9 Je fais régulièrement des cauchemars	......
10 J'ai les gencives qui saignent	......
11 Ma vue devient floue en fin de matinée ou en fin d'après-midi	......
12 J'ai des taches ou des plaques brunes sur la peau	......

Symptômes	*Score*
13 Je fais facilement des bleus.	. . . . . .
14 J'ai des papillons dans l'estomac, des crampes	. . . . . .
15 Je n'arrive pas à me décider facilement.	. . . . . .
16 Je ne peux pas commencer ma journée si je n'ai pas bu ma tasse de café	. . . . . .
17 Je n'arrive pas à travailler sous pression.	. . . . . .
18 Je suis constamment fatigué.	. . . . . .
19 Je suis facilement épuisé sans raison	. . . . . .
20 Je fais des convulsions	. . . . . .
21 Je manque de coordination, je me heurte aux meubles, je lâche facilement les choses	. . . . . .
22 J'ai des envies de sucreries, ou de café dans l'après-midi. . . .	. . . . . .
23 Je pleure facilement sans raison	. . . . . .
24 Je suis déprimé	. . . . . .
25 J'ai des étourdissements.	. . . . . .
26 J'ai besoin de plus de 3 tasses de café par jour.	. . . . . .
27 Je dois grignoter en dehors des repas principaux, sinon j'ai des crampes d'estomac ou des faiblesses	. . . . . .
28 Quand je suis nerveux, je mange et cela m'apaise.	. . . . . .
29 Je n'ai pas faim le matin, je saute souvent le petit-déjeuner . . .	. . . . . .
30 Si je retarde l'heure habituelle de mes repas, j'ai des faiblesses.	. . . . . .
31 Quand je mange, ma fatigue semble se dissiper	. . . . . .
32 Je suis craintif	. . . . . .
33 Lorsque j'ai faim, je me mets à trembler	. . . . . .
34 J'ai des hallucinations	. . . . . .
35 Mes mains tremblent.	. . . . . .
36 Mon cœur se met à battre vite si je saute un repas ou si je ne mange pas à temps.	. . . . . .
37 Je suis très émotif.	. . . . . .
38 J'ai des coups de pompe vers 10–11 h et/ou vers 15–16 h. . . .	. . . . . .
39 J'ai souvent encore faim à la fin d'un repas.	. . . . . .
40 J'ai faim entre les repas.	. . . . . .

Symptômes	*Score*
41 Je fais de l'insomnie	......
42 Je ressens des tremblements intérieurs, surtout avant les repas	......
43 J'ai quelquefois des sueurs froides, des vertiges et le sentiment que je vais m'évanouir	......
44 Je suis irritable avant les repas	......
45 Je manque en général d'énergie, je ne suis pas sportif	......
46 Je grossis des événements insignifiants	......
47 Je suis mélancolique, pessimiste, j'ai tendance à voir tout en noir	......
48 J'ai une mauvaise mémoire	......
49 J'ai des difficultés à avoir des initiatives	......
50 Je suis somnolent après les repas	......
51 Je m'endors pendant la journée	......
52 Je me sens souvent faible et sans force	......
53 Je suis inquiet, anxieux, je me fais des soucis facilement	......
54 Je suis très fatigué après un exercice physique	......
55 J'ai une surcharge pondérale, je me trouve trop gros	......
56 J'ai de la difficulté à supporter le soleil, je dois porter des lunettes de soleil	......
57 J'ai toujours les pieds et les mains froids	......
58 Je baille très souvent	......
59 Je dors 12 heures d'affilée pendant le week-end	......
60 J'ai de la peine à trouver le sommeil, je prends des somnifères	......
61 Je dois me relever pour manger pendant la nuit	......

Ce questionnaire a été élargi pour y inclure les symptômes les plus variés de l'hypoglycémie.

Symptômes

1 J'ai des trous de mémoire, parfois, je ne trouve plus mes mots.
2 Je n'arrive pas à donner mon plein potentiel.
3 Je m'emporte facilement.
4 Je suis timide.
5 J'ai des désirs sexuels excessifs.
6 J'ai un comportement sexuel dévié.
7 Je suis impuissant / frigide.
8 Je néglige mon apparence, ma propreté.
9 J'ai de la difficulté à garder mes emplois.
10 Je n'arrive pas à m'entendre avec les autres.
11 Je perds rapidement de l'intérêt dans mon travail.
12 J'ai une alternance de constipation et de diarrhée.
13 J'ai des gaz et des ballonnements.
14 Je souffre d'indigestion chronique.
15 J'ai le nez bouché.
16 Je ne supporte pas le bruit (téléphone, portes qui claquent).
17 Les gens me fatiguent.
18 J'ai l'impression d'étouffer dans les endroits fermés.
19 J'ai parfois un point douloureux au niveau de l'omoplate droite.
20 J'ai des bouffées de chaleur.
21 J'ai la bouche très sèche.
22 Je transpire beaucoup.
23 J'ai la peau très sèche, écailleuse.
24 J'ai quelquefois des brûlures en urinant.
25 J'urine souvent.
26 J'ai quelquefois les membres qui s'engourdissent.
27 J'ai parfois des fourmillements autour des lèvres et/ou au bout des doigts.
28 Je ressens des piqûres, des fourmillements sur tout mon corps.

Symptômes

29 J'ai des démangeaisons au niveau des organes génitaux, de l'anus.
30 J'ai quelquefois le sentiment que je vais devenir fou.
31 Je suis toujours tendu, je n'arrive pas à me décontracter.
32 J'ai des tendances suicidaires.
33 Je deviens facilement violent.
34 J'ai envie de faire du tort aux autres.
35 J'en veux à la société.
36 Quand je me lève rapidement, j'ai des étourdissements.
37 Je ne bois pas beaucoup (d'eau).
38 Je m'enrhume facilement.
39 Je raffole du chocolat.
40 Je suis un gros fumeur.
41 Je perds par moments complètement l'appétit.
42 Je raffole de frites, de hamburgers, de pizzas.
43 Je mange peu de légumes.
44 Je bois souvent des boissons sucrées, des sodas.
45 Je mâche souvent des chewing-gums.
46 Je mange plus de trois fruits par jour.
47 J'aime boire des boissons alcoolisées.
48 Je souffre de syndrome prémenstruel (congestion des seins, rétention d'eau, agressivité, dépression, pleurs...).
49 J'ai été hospitalisé plusieurs fois pour des choses sérieuses.
50 Je fais des crises d'épilepsie.
51 Je souffre d'anorexie.
52 Je n'aime pas lire.
53 Je ne suis pas doué en calcul mental, ou en mathématiques.
54 Je pleure parfois sans raison.
55 J'ai toutes sortes de phobies, je fais des rituels.
56 Je n'aime pas les règles établies.
57 Ma personnalité change souvent, je peux être charmant certains jours et détestable d'autres jours.
58 Je suis hypersensible.

Causes

Plusieurs mécanismes physiopathologiques sont impliqués dans le phénomène de l'hypoglycémie.

- Le premier est sans nul doute lié à *la consommation excessive de sucres raffinés.* L'accroissement de la consommation mondiale a été considérable depuis le début du 20ème siècle, passant de 8 millions de tonnes en 1900 à près de 100 millions aujourd'hui. Plusieurs facteurs sont à l'origine de ce phénomène : l'essor démographique, l'amélioration du niveau de vie et le développement des industries agro-alimentaires. Au cours de la dernière décennie, la consommation mondiale s'est accrue globalement de près de 20 %. Ce sont surtout les pays en voie de développement qui ont bénéficié de cette progression, particulièrement vive pour ceux disposant de revenus pétroliers. En revanche, on constate une stagnation et même une régression de la consommation de sucre dans les pays industrialisés (Japon, Europe occidentale, États-Unis). Cette situation s'explique en partie par une utilisation accrue des substituts de sucre (glucose, dextrose, isoglucose). Mais le niveau de la consommation varie d'un pays à l'autre. Si dans les pays dits *saturés*, la consommation s'élève à plus de 40 kg/an/habitant (Europe, États-Unis), elle n'atteint pas 5 kg dans certains pays d'Asie et d'Afrique. Alors que l'on peut s'attendre à une accélération continue de la consommation dans l'ensemble des pays du Tiers-Monde où elle se situe très en deçà de la moyenne mondiale (20 kg/an/hab.), il est évident que la demande n'est pas susceptible de s'accroître dans les pays industrialisés. La consommation de sucre de bouche, dite de consommation directe, diminue au profit de la consommation indirecte. Ainsi, en France, en 10 ans, la consommation indirecte (pâtisserie, biscuits, boissons et sirops, etc.) a doublé et représente aujourd'hui la moitié de la consommation totale. L'augmentation continue de la consommation globale conduit à une autoconsommation généralisée ainsi qu'à une réduction des échanges internationaux. De produit traditionnellement représentatif de l'échange inégal, dans le cadre du pacte colonial, le sucre est devenu une denrée pour laquelle les échanges ont été peu à peu marginalisés.

- Le deuxième est lié *au processus de raffinage des aliments,* et en particulier au retrait quasi systématique des fibres de l'alimentation végétale. Les aliments raffinés contiennent, à poids égal, une plus importante quantité de sucres rapides que les aliments non-raffinés. Ils suscitent donc une réponse pancréatique plus forte et un risque accru d'hypoglycémie secondaire.

- Le troisième est lié à *la qualité des graisses consommées.* Les acides gras saturés provoquent des phénomènes dits de *résistance à l'insuline.* Il faut alors une quantité plus importante d'insuline pour métaboliser les sucres qu'il n'en faudrait normalement. Il en résulte une baisse secondaire de la glycémie.

- Un quatrième mécanisme est lié à *la consommation excessive d'alcool.* L'alcool inhibe les mécanismes de la néoglucogenèse et provoque une chute du glucose plasmatique[54]. L'augmentation de l'acidité gastrique qu'il induit est responsable d'un accroissement important des sécrétions intestinales qui, à leur tour, sensibilisent la réponse des cellules bêta du pancréas aux variations sanguines du glucose circulant. Il s'en suit une sécrétion accrue d'insuline, elle-même responsable d'une baisse du glucose plasmatique[55].

Si ces causes acquises par un comportement alimentaire erroné sont des facteurs décisifs, une *prédisposition familiale* existe très fréquemment. Mais si une hérédité diabétique est souvent sous-jacente, elle n'est cependant pas déterminante pour expliquer à elle seule la survenue d'un état hypoglycémique.

Test de diagnostic

Le diagnostic formel repose sur le test de tolérance au glucose, ou test d'hyperglycémie provoquée (HGP). Ce test est indiqué dans trois circonstances :

- le dépistage précoce du diabète,
- le dépistage d'hypoglycémie fonctionnelle,
- l'exploration des hypersécrétions de somatotrophine.

Le protocole est simple : le patient doit adopter, dans les trois jours qui précèdent le test, une alimentation normale en hydrates de carbone (200 à 300 g/24 h). Les traitements interférant sur la glycémie doivent si possible être arrêtés. Il convient de respecter un jeûne nocturne strict de 12 heures avant l'épreuve, qui doit impérativement être effectuée le matin. Ne pas fumer pendant le test et rester au repos strict.

Dans ces conditions, il est pratiqué un prélèvement de sang à jeun afin de déterminer la glycémie de base. Immédiatement après, le patient ingère 75 g de glucose dissous dans 250 ml d'eau. Des prélèvements sont ensuite effectués de manière régulière, toutes les 30 mn pendant 3 heures.

- Si le test est normal, la glycémie doit dessiner une courbe en dôme, sans jamais dépasser 1,44 g/l, et revenir à la normale à la deuxième heure.

- En cas de diabète, la glycémie à la deuxième heure est supérieure à 2 g/l. Les glycémies intermédiaires étant toutes supérieures à 2 g/l.
- En cas d'intolérance au glucose, la valeur de la glycémie à jeun est comprise entre 1,2 à 1,4 g/l, et la glycémie de la deuxième heure se situe entre 1,4 et 2 g/l. Cette intolérance peut ultérieurement se normaliser (30 %) ou évoluer vers un diabète (70 %).
- En cas d'hypoglycémie fonctionnelle, la valeur de la glycémie monte au-dessus de 2 g/l au cours de la première heure, puis descend brusquement au-dessous de 1 g/l à la deuxième et à la troisième heure. Elle peut même descendre au-dessous de 0,4 g/l à la troisième heure.

Traitement

Le régime

Le traitement de l'hypoglycémie fonctionnelle repose principalement sur la correction de l'alimentation.

- Prendre 3 repas modérés par jour, toujours à heure fixe.
- Ne pas se resservir.
- Prendre de petites collations entre ces repas principaux.
- Aucun aliment consommé ne doit être raffiné.
- Éviter absolument le café et l'alcool.

Les aliments permis

- Toutes les viandes, poissons, volailles et fruits de mer.
- Tous les produits laitiers : les œufs, le lait, les yogourts et les fromages.
- Les oléagineuses (noix, amandes, noisettes...).
- Le beurre.
- Les céréales complètes.
- Les légumes.
- Les fruits (sauf ceux qui sont interdits).

Les aliments interdits

- Tous les sucres, y compris : miel, mélasse, sirop de sucre de canne, sucre intégral, sirop d'érable...
- Les farines blanches, les pâtes, le riz blanc.
- Les fruits secs, les dattes, les raisins.
- Toutes les boissons sucrées et/ou alcoolisées.
- Le café et le thé forts.
- Les pâtisseries, tartes, gâteaux, glaces, bonbons.

Le but d'un tel régime est d'apporter à l'organisme des sucres complexes (ou lents) et d'éviter les sucres simples (ou rapides), afin de prévenir toute stimulation importante du pancréas et de stabiliser ainsi la glycémie.

Un régime riche en sucres lents, en fibres végétales, pauvre en sucres rapides, et apportant quotidiennement 50-55 % de sucres lents, 15-20 % de protéines, 30-35 % de graisses, 50 g de fibres végétales et moins de 50 g de sucres rapides, stabilise les variations glycémiques.

Les compléments nutritionnels

- *Le facteur de tolérance au glucose*
  (GTF-Chrome – 900 mg/jour)
  Probablement le supplément alimentaire le plus important en cas d'hypoglycémie. Extrait de la levure de bière (saccharomyces cerevisiae) qui en est particulièrement riche, le chrome stabilise la glycémie et diminue le HDL cholestérol.

- *Le zinc* (15 mg/jour)
  On retrouve très fréquemment une carence en zinc (analyse de cheveux ou analyse sur sang total) dans les états d'hypoglycémie fonctionnelle.

- *La niacine*
  Supplément essentiel en cas de schizophrénie et d'alcoolisme, il contribue à régulariser les troubles psychologiques et comportementaux liés à l'hypoglycémie[56].

- *Le magnésium* (400 mg/jour)
  Temporise la sécrétion réactionnelle d'insuline liée à l'ingestion de glucose[57].

- *Les acides gras poly-insaturés de la série Omega-6* (2 g/jour)
  Précurseurs des prostaglandines de type 1 : acide linoléique ➡ GLA ➡ DGLA ➡ Prostaglandine PGE1.
  La prostaglandine PGE1 inhibe la sécrétion d'insuline induite par l'absorption du glucose alimentaire[58].

- *Le L-tryptophane* (500 mg/jour)
  Précurseur de la sérotonine. Un déficit en sérotonine prédispose à l'hypoglycémie[59].

Hypoglycémie et troubles psychiques

Le cerveau et son fonctionnement dépendent essentiellement du taux de sucre sanguin circulant et immédiatement bio-disponible. C'est la principale source d'énergie de la cellule nerveuse. Une baisse de ce taux a pour conséquence une sécrétion des hormones dont l'activité biologique a tendance à augmenter le taux de sucre dans le sang : l'adrénaline, le glucagon, le cortisol et l'hormone de croissance. Or, seule la sécrétion de l'adrénaline semble responsable des symptômes physiques de l'hypoglycémie : sueurs, tremblements, tachycardie, faim et anxiété.

Lorsque la survenue de l'hypoglycémie est brusque, ce sont alors ces symptômes qui dominent. Par contre, lorsque l'hypoglycémie s'installe de manière insidieuse, ces symptômes physiques peuvent ne pas être remarqués. Ils sont remplacés par des symptômes tels que vertiges, confusion, vision floue, maux de tête, difficulté de concentration, instabilité émotionnelle, troubles du comportement. Tous traduisent une souffrance de la cellule cérébrale par manque de glucose.

Cette dernière forme clinique d'hypoglycémie est très fréquente ; il est essentiel de savoir y penser lorsque de tels symptômes psychiques ou psychologiques se manifestent.

Hypoglycémie et candidose chronique

Il existe une interaction certaine entre l'hypoglycémie et le développement d'une candidose chronique. Dans les deux affections, on retrouve une consommation excessive de sucres rapides. Il semble que les deux entités coexistent souvent chez un même individu. L'hypoglycémie faciliterait le développement du *candida albicans* qui, à son tour, aggraverait les symptômes d'hypoglycémie en augmentant le besoin de sucres rapides.

Hypoglycémie et diabète

On concevait au début que l'hypoglycémie était l'équivalent d'un diabète inversé. On pensait alors qu'elle résultait d'un excès de sécrétion d'insuline, alors que le diabète était la conséquence d'une carence de sécrétion d'insuline. Mais grâce à l'évolution des conceptions physiologiques et biologiques, aidées par des méthodes d'investigation plus fines, on a découvert que l'hypoglycémie fonctionnelle n'était pas la conséquence d'un excès de sécrétion d'insuline[60], alors que c'est souvent le cas dans les stades initiaux du diabète.

La relation entre l'hypoglycémie et le diabète a surtout été clarifiée par une étude de Shaw, portant sur plus de 4000 malades. Il a montré que le début de la maladie diabétique est caractérisé par un hyperinsulinisme et une hypoglycémie réactionnelle.

Des études portant sur des populations ne consommant pas de sucres rapides, et en particulier pas de sucre raffiné, confirment l'absence de diabète chez leurs habitants. La conception qui considère le diabète comme une maladie génétique inéluctable doit être reconsidérée !

Cohen[61] étudia deux lots de populations : les juifs d'Israël qui ont un taux de diabète important, et les juifs du Yémen chez lesquels le diabète n'existe pas. Lorsqu'on introduit par contre le sucre raffiné dans l'alimentation des juifs yéménites, le diabète apparaît.

Conclusion

Le syndrome d'hypoglycémie fonctionnelle est très fréquent et souvent méconnu ; il peut être responsable d'une fatigue importante. La plupart du temps, il s'agit d'une fatigue particulière qui arrive en *coups de pompe* et qui est rythmée par les repas, survenant systématiquement 2 à 3 heures après ceux-ci. Le fait de manger, surtout des aliments riches en sucres rapides, améliore très rapidement les malaises et la fatigue. Les sujets à l'hypoglycémie sont donc habitués à grignoter entre les repas, ce qui provoque une prise de poids excessive, qui aggrave à son tour l'état d'hypoglycémie.

La prise en charge est essentiellement alimentaire, et le régime doit être bien suivi. Ce n'est qu'à cette condition qu'une amélioration durable de l'état général et des symptômes peut être espérée.

CHAPITRE 3

La fibromyalgie

(extrait de *J'ai mal partout, mais je ne sais pas pourquoi !*, du même auteur – éd. Jouvence)

Le terme de fibromyalgie et la définition précise du syndrome clinique sont relativement récents. Mais l'entité clinique qu'il recouvre est certainement beaucoup plus ancienne. On retrouve dans la littérature médicale du 19ème siècle la description d'un certain nombre de syndromes caractérisés par de la fatigue, une diminution du tonus nerveux, une inappétence, une baisse de l'état général, regroupés sous le terme général de *neurasthénie*.

Toujours à la même époque, on trouve dans la littérature médicale française, allemande et anglaise la notion de sensibilité exagérée à la palpation de certaines zones lors de l'examen clinique. Cette sensibilité est alors attribuée à une *irritation spinale*, sans qu'il en soit donné d'autre explication.

Au début du 20ème siècle, on trouve le terme de *fibrosite* dans la description d'un lumbago, accompagné de modifications inflammatoires du tissu sous-cutané. Ce terme est alors couramment utilisé par les médecins anglais pour désigner des douleurs cervicales chez les mineurs travaillant dans les mines de charbon.

Durant la Seconde Guerre mondiale, le terme de fibrosite était généralement utilisé par les médecins anglais pour désigner les douleurs en général. À cette époque, des médecins canadiens et américains, en collaboration avec leurs confrères anglais, ont appris le terme et l'ont exporté de l'autre côté de l'Atlantique où il a commencé à apparaître dans la littérature.

C'est surtout depuis 1970 que le syndrome fibrosique est bien identifié. Le groupe de Smythe à Toronto le décrit et identifie les points douloureux spécifiques, la fatigue et les anomalies du sommeil. Il l'attribue à une pathologie d'amplification de la douleur.

En 1981, le terme fibrosite a été remplacé (sur proposition de Yunus) par le mot *fibromyalgie* afin d'exclure la notion de maladie inflammatoire que laissait sous-entendre le terme précédemment utilisé. Le même auteur a étudié les anomalies électro-encéphalographiques qui caractérisent ce syndrome, avec une altération de la phase non-REM du sommeil.

En 1987, un éditorial du JAMA annonce que la fibromyalgie existe !

En 1989, l'édition du très respectable *Textbook of Rheumatology* inclut pour la première fois un chapitre concernant la fibromyalgie et en consacre le nom[62].

Les critères modernes de cette maladie ont été publiés en 1990 par l'*American College of Rheumatology* (ACR).

Depuis 1992, l'OMS a reconnu la fibromyalgie comme une maladie rhumatismale.

S'agit-il d'une maladie fréquente ?

Oui, c'est une affection fréquente. On estime qu'elle touche 2 % de la population générale. Elle est plus fréquente chez les femmes (3,4 %) que chez les hommes (0,5 %), soit environ 7 à 8 femmes pour un homme.

Dans les cliniques de rhumatologie, l'affection représente entre 10 et 25 % de toutes les consultations de rhumatologie[63]. En médecine générale, elle représente entre 2 et 5 % de toutes les consultations vues par les généralistes.

En fonction de l'âge, l'affection peut commencer avant 20 ans (rare). La prévalence augmente avec l'âge pour être maximale entre 70 et 80 ans. Ce n'est donc pas une maladie létale puisque sa prévalence augmente en fonction de l'âge.

Comment se manifeste-t-elle ?

Publiés en 1990, les critères diagnostiques sont le résultat d'une étude prospective (F. Wolfe) au cours de laquelle les auteurs ont comparé les manifestations cliniques d'environ 550 malades. La moitié d'entre eux souffrait de fibromyalgie, l'autre moitié d'autres affections rhumatologiques.

Les douleurs

Pour faire le diagnostic, il y a deux types de critères :

- Des *douleurs diffuses* qui doivent toucher *les 4 quadrants du corps* (le côté droit et le côté gauche, en dessus et en dessous de la ceinture). *Ces douleurs doivent également atteindre le rachis* (douleurs axiales).

• La palpation de points douloureux spécifiques[64] (au moins 11 sur les 18 points officiellement répertoriés)[65] :

1. Points sous-occipitaux, au niveau de l'insertion des muscles sous-occipitaux.
2. Points cervicaux bas (apophyses transversales de C5 à C7).
3. Points au niveau des trapèzes, à mi-distance de leur bord supérieur.
4. Points au niveau de l'insertion du sus-épineux, au niveau de l'épine de l'omoplate.
5. Points au niveau de l'insertion des secondes côtes sur le sternum.
6. Points sur l'épicondyle externe.
7. Points en arrière des crêtes iliaques, au niveau du muscle gluteus medius.
8. Points au niveau du massif du grand trochanter, à l'insertion des muscles piriformis.
9. Points au niveau de l'insertion de la patte d'oie sur les genoux.

Un certain nombre de ces points sont très sensibles et même douloureux au palper, lorsqu'on leur applique une pression de 4 kg. Leur pression peut engendrer une grimace, voire un retrait de la région examinée.

Ces points douloureux doivent être présents depuis au moins 3 mois pour que le diagnostic soit valable.

Un autre symptôme fréquent est la raideur de la plante des pieds.

Si ces critères sont réalisés, on a une sensibilité de 88,4 % et une spécificité de 80,1 % pour le diagnostic de fibromyalgie.

Dans la fibromyalgie, il y a un respect de la mobilité ostéo-articulaire. Les douleurs peuvent fluctuer en intensité dans le temps, mais elles ne disparaissent jamais totalement. Elles sont plus fortes le matin, lors des changements de temps et pendant les épisodes d'anxiété et de stress.

Lorsque les personnes atteintes de fibromyalgie restent un moment immobiles (au cinéma, lors d'une réunion, lors d'un repas...), leurs muscles deviennent durs et douloureux. La mise en mouvement matinale est toujours pénible car les muscles sont raides et douloureux.

Il existe des variations de la sensibilité des points spécifiques qui sont liées à l'âge, au sexe et à la race :

- les femmes blanches européennes ont plus de points douloureux que les femmes hispano-américaines ou les femmes noires,
- les femmes en général ont plus de points spécifiques douloureux que les hommes,
- le nombre de points douloureux spécifiques augmente avec l'âge, avec un maximum autour 70 ans[66].

Les autres manifestations cliniques

En plus des critères diagnostics qui sont communs à l'affection, un certain nombre de symptômes se rencontre fréquemment et se surajoute aux douleurs spécifiques de la maladie :

- faiblesse généralisée, douleurs musculaires diffuses (autres que celles décrites ci-dessus), douleurs articulaires,
- perturbation du sommeil : problèmes d'endormissement et réveils fréquents au cours de la nuit,
- fatigue matinale et au cours de la journée,
- raideurs matinales généralement brèves,
- céphalées,
- dysménorrhée,
- colite,

- sensation d'endormissement d'un membre, sensation de tuméfaction,
- états fébriles,
- sécheresses oculaires,
- problèmes psychiques divers : anxiété, dépression,
- syndrome d'impatience des membres inférieurs,
- syndrome urétral, vulvodynie, dyspareunie.

La fréquence des autres manifestations cliniques est variable d'un individu à l'autre :

Symptômes rencontrés dans la fibromyalgie	**% des cas**
• Douleurs musculaires, raideurs (surtout marquées le matin)	100
• Fatigue	96
• Insomnie, sommeil perturbé	86
• Douleurs articulaires	72
• Aggravation des symptômes aux changements de temps et par temps humide	70
• Céphalées	60
• Impatiences dans les jambes	56
• Engourdissements et picotements	52
• Baisse de la mémoire	46
• Crampes dans les jambes	42
• Mauvaise concentration	41
• Côlon irritable	37-73
• Nervosité, anxiété	32
• Dépression	20

Qui peut en être atteint ?

Les études les plus sérieuses affirment que quelques 3,7 millions d'Américains[67] sont atteints par l'affection, ce qui la place en seconde position parmi toutes les pathologies douloureuses vues en rhumatologie. Sa fréquence est beaucoup plus élevée chez les femmes que chez les hommes.

Les personnes qui sont déjà atteintes de maladies rhumatismales, telles que la polyarthrite rhumatoïde ou le lupus, présentent un plus grand risque de souffrir de fibromyalgie que la population normale[68]. Personne n'explique cette relation particulière entre les deux affections. Généralement, lorsque la polyarthrite rhumatoïde s'améliore, la fibromyalgie demeure inchangée.

La fibromyalgie se manifeste souvent chez plusieurs individus d'une même famille sans qu'aucune prédisposition génétique n'ait été reconnue.

La fibromyalgie est de plus en plus décrite chez les enfants ou les adolescents. En fait, les douleurs musculo-squelettiques sont les symptômes le plus souvent rencontrés en consultation de rhumatologie pédiatrique. Parmi les jeunes consultants, 25 à 40 % remplissent les critères correspondant au diagnostic de fibromyalgie juvénile. Le syndrome a été décrit pour la première fois en 1985[69], mais les enfants présentaient moins de points spécifiques douloureux. Il faut toutefois remarquer que les critères diagnostics de l'ACR concernent uniquement les adultes !

28 % des adultes souffrant de fibromyalgie ont vu apparaître le début de leur pathologie pendant leur adolescence.

Les symptômes les plus fréquemment rencontrés chez les enfants sont :

- douleurs généralisées,
- raideurs,

- fatigue matinale,
- céphalées chroniques,
- syndrome du côlon irritable,
- perturbation du sommeil.

On retrouve fréquemment, en toile de fond, une structure familiale brisée, une dépression latente et un environnement bruyant. La maladie commence souvent par une sorte de grippe qui devient chronique, puis surviennent les troubles du sommeil. Certains enfants présentent alors des troubles de l'attention scolaire ainsi qu'une tendance aux allergies. Plusieurs spécialistes ont remarqué que de tels enfants avaient fréquemment une laxité articulaire anormale[70/71].

Il s'agit d'une maladie invalidante

Dans une étude présentée en 1994 par Don Goldenberg, lors d'une réunion de l'*American College of Rhumatology,* portant sur l'évaluation des capacités de travail de 394 sujets souffrant de fibromyalgie, 25,3 % des femmes et 27 % des hommes étaient atteints au point de ne plus pouvoir travailler. Les autres ont tous reconnu que la maladie les handicapait considérablement dans leur vie professionnelle. Ceux qui avaient dû arrêter le travail n'avaient connu aucune amélioration de leurs symptômes, même longtemps après l'arrêt du travail.

Une maladie à diagnostic difficile !

Actuellement, il n'y a aucune possibilité de faire le diagnostic de l'affection par des examens de laboratoire ni par des radiographies. Le diagnostic se base uniquement sur les symptômes et l'examen clinique. Les personnes atteintes paraissent en excellente forme, et il n'y a aucun critère traduisant leurs douleurs et leur fatigue. Le diagnostic chez les enfants est d'autant plus difficile que ceux-ci ont parfois de la difficulté à décrire leurs symptômes. Pourtant, il est nécessaire de poser un diagnostic précoce de l'affection.

Les statistiques montrent que le diagnostic est actuellement posé après consultation de 3,5 médecins différents... et que le temps entre l'apparition des premiers symptômes et le diagnostic de la maladie est d'environ 5 ans[72] !

Avant de pouvoir poser le diagnostic d'une fibromyalgie, il faut éliminer les autres affections qui peuvent lui ressembler. On exclura classiquement les maladies suivantes :

- lupus,
- syndrome de Sjögren,
- polymyosite,
- polyarthrite rhumatoïde,
- rhumatisme palindromique,
- polyalgia rheumatica,
- hypothyroïdie, hyperparathyroïdisme,
- ostéomalacie,
- diabète (polyneuropathie).

Toutes ces affections sont accompagnées de modifications spécifiques des normes biologiques sanguines et de perturbations des images radiologiques. Ces modifications en permettent généralement le diagnostic.

Mais la fibromyalgie est parfois de diagnostic difficile avec le *syndrome de fatigue chronique* (cf. chapitre 13), qui a longtemps été confondu avec le syndrome post-viral, ou *Myalgic encephalomyelitis*, affection séquellaire des maladies virales due principalement à l'Epstein-Barr virus[73] (cf. chapitre 5).

Les deux affections ont en fait une symptomatologie fort proche l'une de l'autre. Elles surviennent souvent après une infection (virale) ou un choc physique ou émotionnel important. La seule différence semble résider dans le fait que pour l'une, c'est la fatigue qui domine le tableau clinique, alors que pour l'autre, ce sont les douleurs musculaires qui sont au premier plan.

En 1988, le Dr Harvey Moldofsky examina des patients atteints du syndrome de fatigue chronique et des patients atteints de fibromyalgie, dont les symptômes avaient commencé par une infection de type grippal. Il trouva que les dérèglements electro-encéphalographiques du sommeil, la répertorisation des points spécifiques, les douleurs et la fatigue étaient identiques pour les deux groupes.

En 1993, le Dr Don Goldenberg compara 50 patients diagnostiqués comme souffrant de fibromyalgie et 50 patients diagnostiqués comme ayant un syndrome de fatigue chronique (ME). Il découvrit que la plupart des symptômes présentés par les deux groupes étaient en fait interchangeables, et donc virtuellement les mêmes pour les deux affections.

Une autre affection très proche est le *syndrome douloureux myofascial* (Congrès de Pesca, Italie – août 1998), qui se caractérise par des douleurs plus localisées, fixes et plus fortes, invalidantes. Elles sont réversibles si elles sont soignées tôt. On note à la palpation des cordons indurés douloureux et des *trigger points* éloignés (douleur dite différée).

❑ ❑ ❑

Quelle est la cause de la fibromyalgie ?

Il existe dans la fibromyalgie une perception anormale de la douleur. Les sujets qui en sont atteints perçoivent comme douloureux des stimulations en dessous du seuil douloureux pour des sujets normaux (allodynie). Ils présentent également un seuil de tolérance à la douleur qui est diminué (hyperalgie).

De nombreux paramètres ont été étudiés au cours de ces dernières années :

- *Au niveau des muscles :* on ne retrouve rien de spécifique : pas de dégénération des fibres musculaires, pas de défaut métabolique primaire, ni infiltrat inflammatoire. Les seules anomalies sont des modifications non spécifiques que l'on rencontre dans les muscles dits *déconditionnés*, c'est-à-dire qui n'ont pas été entretenus dans une activité normale. Cette hypothèse, qui semblait être plausible, a été infirmée en 1995[74]. En employant une technologie nouvelle, le Dr Robert Simms a réussi à démontrer que les muscles utilisaient l'énergie de la même manière chez les sujets pratiquant régulièrement l'aérobic, qu'ils soient atteints de la fibromyalgie ou non. Actuellement, différents travaux ont démontré une diminution de la pression d'oxygène et de l'ATP dans les muscles douloureux.

- *Au niveau de la moelle épinière :* plusieurs études ont montré une augmentation de la substance P dans les neurones de la corne dorsale, trois fois plus importante chez les fibromyalgiques que dans le groupe de contrôle[75]. Ce taux se montre élevé avec persistance si l'on contrôle régulièrement le taux de la substance P dans le liquide céphalo-rachidien. La pression répétée des points douloureux ne modifie pas son taux. Il n'y a cependant pas de corrélation entre le taux de la substance P et le niveau des douleurs, ni avec d'autres paramètres cliniques. On pense actuellement que le taux de substance P dans le liquide céphalo-rachidien chez les sujets atteints de fibromyalgie est dû à un processus physiologique particulier, sans rapport avec les sollicitations douloureuses externes.

- *Au niveau de la sérotonine :* dérivée du tryptophane, la sérotonine participe à la régulation du sommeil profond et a une action sur la perception de la douleur. Plusieurs études ont porté sur la mesure du taux de sérotonine dans la fibromyalgie. Elles montrent une diminution du taux de sérotonine dans le liquide céphalo-rachidien des patients atteints de fibromyalgie.

- *Au niveau des endorphines :* les taux d'endorphines mesurés, aussi bien dans le sérum que dans le liquide céphalo-rachidien, sont inchangés chez les fibromyalgiques, en comparaison de ceux des sujets sains.

- *Au niveau des troubles du sommeil :* les perturbations du sommeil sont pratiquement constantes chez les patients atteints de fibromyalgie. Le sommeil se décompose en plusieurs phases. Les phases I et II – qui sont les phases d'endormissement (avec des ondes alpha rapides à l'électro-encéphalogramme) – sont suivies des phases III et IV non-REM de sommeil profond sans rêve (caractérisées par des ondes delta lentes à l'électro-encéphalogramme). Pendant la phase IV de sommeil, il se produit des décharges sécrétoires d'hormone de croissance (STH). Au cours de la progression du sommeil interviennent une série de phases REM, qui sont les phases de rêve.
  Plusieurs auteurs ont étudié le sommeil des personnes atteintes de fibromyalgie. Ils ont mis en évidence une

augmentation des phases I et II, donc une augmentation de la durée des phases d'endormissement et une intrusion d'ondes alpha dans les ondes delta de la phase IV de sommeil profond. Cette intrusion serait responsable de réveils fréquents et de sommeil non-réparateur.

On peut artificiellement reproduire les symptômes de fibromyalgie (avec les points douloureux spécifiques) en privant sélectivement des sujets sains volontaires de leur phase IV non-REM à ondes delta lentes (sommeil profond).

- *Hormone de croissance :* chez l'adulte, elle est produite et sécrétée à 80 % pendant la phase IV du sommeil. On peut arrêter presque complètement sa sécrétion en perturbant artificiellement le sommeil. Dans la fibromyalgie[76], certains patients (seulement 30 %) ont un taux d'hormone de croissance abaissé de 30 % (surtout lorsqu'il est mesuré le matin) par rapport aux sujets sains. Ce fait serait en relation avec les perturbations de la phase IV du sommeil dans cette affection.

  En traitant ces patients avec de l'hormone de croissance, il est possible de faire disparaître les symptômes douloureux (les résultats sont particulièrement spectaculaires après 6 mois). Mais la symptomatologie revient entre 1 et 3 mois après l'arrêt du traitement et certains patients n'ont pas répondu au traitement.

- *L'axe hypothalamo-hypophyso-surrénalien :* le stress a été suspecté dans l'origine de la maladie, surtout comme élément déclenchant. Plusieurs chercheurs se sont penchés sur l'étude de l'axe HHS, dont le fonctionnement est toujours impliqué dans les états de stress. Ils ont montré des réponses exagérées d'ACTH à la stimulation hypophysaire, mais des variations du cortisol circulant non proportionnelles à l'importance de la stimulation. De plus, le cortisol urinaire libre de 24 heures reste bas, alors que le cortisol plasmatique est normal.

- *Les explorations biologiques classiques sont négatives :* la biologie est normale, en particulier la vitesse de sédimentation, le cholestérol, l'uricémie, les enzymes musculaires, l'exploration thyroïdienne ; la recherche d'anticorps ou des facteurs rhumatoïdes est négative. Certaines anomalies ont toutefois été rapportées concernant le métabolisme de la vitamine B1 (appréciée par le dosage des transcétolases érythrocytaires[77]), les iso-enzymes de la LDH sérique ou du tryptophane sérique[78]. Les explorations biologiques ont également démontré des anomalies de la glycolyse, telles qu'une augmentation du rapport pyruvate/lactate[79], des anomalies des enzymes thiamine-dépendants[80], des phosphates énergétiques[81] et des peroxydations protéiques[82].

- L'existence fréquente de troubles du sommeil ainsi que la possibilité de reproduire la symptomatologie chez les sujets sains privés de sommeil profond, la similitude de cette pathologie avec les douleurs observées lors du sevrage des morphinomanes, semblent orienter vers *une anomalie des neurotransmetteurs,* avec un déficit en endorphines. Cette hypothèse pousse à inclure un *profil des neurotransmetteurs* dans les examens de routine de tout patient atteint de fibromyalgie.

- *L'infection par des mycoplasmes :* plusieurs recherches conduites par le Dr Garth Nicolson (Californie) tendent à prouver l'existence d'une infection par divers mycoplasmes *(M. Hominis, M. Fermentans, M. Penetrans, M. Pneumoniæ)* comme cofacteur dans le syndrome fibromyalgique. Ces micro-organismes pénétreraient à l'intérieur de certains globules blancs et perturberaient le fonctionnement de leurs mitochondries. Le Dr Nicolson a employé une technique d'analyse de l'ADN afin de détecter ces micro-organismes intracellulaires (*Forensic Polymerase Chain*). Il aurait ainsi découvert que 60 % des patients atteints de fibromyalgie seraient porteurs de ces mycoplasmes, alors que seulement 6 % des sujets sains en sont infectés.

Un test de dépistage a été mis au point, d'après les travaux de Robert Suhadolnik (Philadelphie), Bernard Lebleu (Montpellier) et Ken De Meirleir (Bruxelles)[83/84]. Il s'agit du *Rnase L Protein Assay*[85], qui consiste à mesurer le rapport entre la *LMW (à 37 kDa) 2'-5' A-binding protein* et la *HMW (à 80 kDa) native Rnase L Protein* (que l'on multiplie par un facteur 10). Un résultat supérieur à 2.0 serait déterminant pour dépister l'affection. Le professeur De Meirleir a en effet constaté la présence de la LMW à 37 kDa chez 680 patients des 705 testés.

On peut actuellement retenir comme schéma d'initialisation du syndrome :

1 • *Une perturbation de l'axe hypothalamo-hypophyso-surrénalien par un épisode traumatique, qui peut être soit physique (accident), soit psycho-affectif.*

2 • *Une perturbation du sommeil en phase III, et surtout en phase IV non-REM (celle du sommeil réparateur pendant laquelle les muscles se détendent et se reposent).*

3 • *Une perturbation des neurotransmetteurs, entraînant une anomalie de la perception douloureuse, avec diminution de la tolérance à l'anoxie.*

L'étiopathogénie de la fibromyalgie est certainement multifactorielle. Son origine réelle et ses mécanismes originaux ne sont pas encore clairement élucidés, et l'on a pu jusqu'à présent n'en étudier que les conséquences.

D'autres pistes de recherche sur les facteurs déclenchants de la fibromyalgie sont actuellement examinées :

La rupture des prothèses mammaires en silicone

On sait maintenant que les implants en silicone, posés lors de chirurgie esthétique ou de chirurgie reconstructrice après ablation d'un sein, laissent suinter la silicone et peuvent même se rompre (70 % sont rompues après 10 ans...). Dans une proportion statistiquement plus importante, il en résulte l'apparition de maladies auto-immunes chez les femmes porteuses de ce type de prothèse. Les pathologies les plus fréquentes sont le lupus, la sclérodermie et la polyarthrite rhumatoïde. Le symptôme le plus courant est l'apparition de douleurs, classiquement une périarthrite de l'épaule, mais d'autres manifestations douloureuses peuvent également survenir. Il s'agit de douleurs musculaires (80 %), de troubles neurologiques (77 %), de syndromes grippaux (78 %), de fatigue chronique (78 %), d'un syndrome de sécheresse des yeux et de la bouche (60 %), de phénomènes de Raynaud (48 %), de perturbation du sommeil, de douleurs thoraciques semblables à de l'angine de poitrine[86].

Dans diverses études concernant les femmes porteuses d'implants mammaires en silicone, la fibromyalgie a été diagnostiquée dans 25 à 50 % des cas.

L'intoxication chronique par composés chimiques

(cf. chapitre 10)

On trouve très souvent une grande sensibilité aux composés chimiques ou diverses allergies chez les personnes atteintes de fibromyalgie. On a pensé que cet état était lié plus ou moins directement à une intoxication chronique par des métaux lourds, des composés chimiques (colorants, conservateurs, dérivés industriels comme la dioxine) qui abondent toujours plus dans notre environnement. Ces intoxications sont insidieuses et multiples.

Des scanners cérébraux ont été systématiquement pratiqués sur des personnes présentant une hypersensibilité à des substances chimiques diverses et sur des fibromyalgiques. Tous présentaient les mêmes perturbations typiques[87] : une réduction du flux sanguin cérébral au niveau de certaines parties du cerveau qui se rapportent à la mémoire, la concentration, et celles qui gèrent les fonctions de régulation de la douleur (le noyau caudal et le système limbique).

Ces constatations sont similaires à une situation artificielle qui s'est produite lors de la guerre du Golfe persique.

Le syndrome du Golfe persique

Plusieurs milliers de vétérans de la guerre du Golfe présentent actuellement un certain nombre de symptômes qui se rapprochent de ceux de la fibromyalgie : douleurs inexpliquées des articulations et des muscles, fatigue, troubles du sommeil, difficultés de concentration et problèmes de mémoire, maux de tête, douleurs thoraciques, problèmes respiratoires, troubles gastro-intestinaux, éruptions cutanées, allergies à certains aliments, intolérances aux odeurs, etc.

Craignant une guerre bactériologique et chimique, tous les soldats ont reçu un grand nombre d'injections afin de les protéger d'une éventuelle utilisation de ce type d'arme. Les véhicules ont été enduits de substances protectrices contre les produits chimiques et les camps militaires ont été largement pulvérisés de pesticides. Il y avait également de nombreux puits de pétrole en feu, ce qui contribuait à entretenir une importante pollution atmosphérique. On peut ajouter à cela : les gaz d'échappement des véhicules diesel, les solvants vaporisés par l'extrême chaleur de la région, l'hygiène médiocre et le stress.

Les experts militaires estiment que l'ensemble des substances inhalées par les soldats a pu causer des dommages au cerveau, et en particulier au système limbique qui n'a pas de protection contre ces multiplicité d'agresseurs chimiques[88].

Ces études mettent une lumière particulière sur les conditions actuelles de la vie moderne, dont les conditions particulières de la guerre du Golfe n'ont été qu'un reflet artificiellement concentré. La multiplication des vaccinations, la pollution atmosphérique toujours croissante, la multiplication des agents chimiques dans notre alimentation et notre environnement, pourraient agir par sommation pour fragiliser et sensibiliser nos organismes, et permettre le développement de pathologies nouvelles, telles la MCS (cf. chapitre 10) et la fibromyalgie.

L'histoire d'Anne-Sophie

Il m'est permis de reproduire *in extenso* le témoignage particulièrement éloquent que j'ai reçu des parents d'Anne-Sophie. Il montre que des enfants, même très jeunes, peuvent souffrir de fibromyalgie et qu'il ne faut jamais mésestimer leurs plaintes.

« Notre fille Anne-Sophie a 7 ans. Depuis l'âge de trois ans, elle souffre tous les jours, sans exception, de douleurs multiples (muscles, articulations, migraines, spasmes vésicaux, autres douleurs abdominales...) et d'une fatigabilité extrême, aggravée par de la fièvre (lors de dépenses physiques et à l'excitation). Elle n'arrive pas à aménager son emploi du temps quand elle n'est pas avec nous (récréation, amies), ce qui aggrave les épisodes douloureux.

Pendant 4 ans, elle a été multi-explorée à notre demande, car les plaintes fonctionnelles ne cessaient de s'accumuler : crampes, fourmis dans les extrémités (sic, terre qui tremble...), maux de tête, fatigabilité importante à la marche et à la station debout prolongée, douleur importante de la paroi abdominale après la piscine (sans saut, bien entendu), vélo ou autres activités physiques. Durant ces périodes, elle a été hospitalisée plusieurs fois pour des infections urinaires (début de pyélonéphrite)... et ensemble, nous avons expliqué l'intensité de douleurs qui la pliaient en deux plusieurs fois par jour, avec une souffrance importante puisqu'elle la décrit comme passant par tous les membres, le dos... et tapant dans la tête.

Il a fallu consulter plusieurs professeurs, neurologues, pour entendre soit que ces douleurs étaient imaginaires, que la mère souffre peut-être du syndrome de Munschhausen (maltraitance sur son enfant), qu'il fallait envisager une psychothérapie. Madame M., chef de service à Thionville, et d'autres psychiatres ou psychologues rencontrés lors de nombreuses visites en hôpitaux ont conclu que notre fille ne présente aucune pathologie psychiatrique.

Après 4 ans de recherches pour identifier la cause de cette douleur en particulier, les autres ayant été totalement occultées, le Pr P., néanmoins très soucieux d'identifier la cause de ce phénomène, nous a dirigés vers le Dr M. (urologie de l'enfant) à l'hôpital St-Joseph à Paris.

À la lecture des clichés échographiques (épaississement des parois de la vessie et urètre en toupie, débimétrie en dents de scie) et de son dossier, il a bien décrit lui-même les spasmes vésicaux, et Anne-Sophie a enchaîné en lui montrant comment elle bloque la sortie de son urètre avec son talon pendant le spasme. Ce médecin voit au maximum 4 à 5 enfants par an, avec des douleurs qui se manifestent exactement de cette façon, mais il était très étonné que la douleur ne reste pas localisée à l'abdomen et aux cuisses. Il nous a indiqué qu'il fallait mettre en place une kiné vésicale permanente et poursuivre la prise de ditropan 2 fois par jour, même si cela a peu d'effet.

Les douleurs d'Anne-Sophie (j'ai mal partout) se multipliant, nous lui avons fait nous-mêmes compléter une planche à dessin du corps humain sur laquelle elle a fait des gros points rouges sur toutes les articulations et dessiné le parcours de la crampe vésicale.

*Alors, le Dr R. à Lyon a demandé un typage HLA ; elle est HLA DR B1 *0401, en nous expliquant qu'il s'agit d'une anomalie sur le chromosome 6, ce qui indique une prédisposition à la polyarthrite rhumatoïde, mais notre fille n'a jamais eu les articulations gonflées ni rouges.*

Désespérés, nous avons essayé de lui donner tous les antalgiques courants, de l'homéopathie.... et avons, à maintes reprises, sollicité à nouveau le Dr C., Madame le Pr S., la psychiatre, le Pr P., et avons écrit à tous les professeurs de l'hôpital Necker.

En mars 1999, soit un an plus tard, nous avons reçu une lettre du professeur S. (génétique et métabolisme neurologique) qui, pensant que l'on pouvait assimiler les douleurs à des fibromyalgies, nous a conseillé de prendre contact avec le Dr M., à Nantes, au centre anti-douleurs spécialisé dans la douleur de l'enfant.

En mai 1999, le Dr M. nous a très bien reçus, a longuement questionné Anne-Sophie, l'a hospitalisée 5 jours, l'a présentée à la psychologue qui n'a rien relevé sur ce plan, a fait dessiner Anne-Sophie sur des grandes planches à dessin du corps humain, lui a demandé d'autres descriptions précises, a ausculté les points ostéo-tendineux (ce qui n'a jamais été proposé dans les autres grands services visités), et a évoqué une fibromyalgie en mettant en place le traitement antalgique.

Elle est depuis lors suivie par le Dr H. au centre anti-douleurs qui connaît bien cette maladie. »

L'histoire d'Anne-Sophie montre le désarroi de ses parents devant les douleurs d'une jeune enfant. Le plus terrible, et peut-être le plus traumatisant pour une mère, c'est qu'au cours des investigations, un syndrome de Munschhausen a été suspecté. Ceci montre à quel point cette maladie reste encore méconnue du corps médical.

❑

CHAPITRE 4

La carence martiale

L'importance du fer ne se limite pas à l'industrie et à la technologie, mais le fer est aussi indispensable au maintien de la vie cellulaire. Il se localise chez l'homme en grande partie dans le sang. Bien que les quantités apportées par l'alimentation excèdent souvent les besoins de l'organisme, l'excrétion du fer est faible. En effet, l'organisme tend à économiser le fer.

Une baisse du fer dans le sérum provoque une anémie (dite hypochrome) par défaut de synthèse de l'hémoglobine, qui est elle-même responsable d'une fatigue parfois intense. Un taux d'hémoglobine inférieur à 10 g/l définit une anémie.

Le fer dans l'organisme

On trouve du fer à différents niveaux :

- Le fer de l'hémoglobine, une protéine qui a pour rôle de transporter l'oxygène dans l'organisme.
- Le fer de la myoglobine, qui est l'hémoglobine des muscles.
- Les enzymes héminiques : cytochromes, catalase et peroxydase. Les cytochromes sont des transporteurs d'électrons, les deux autres sont des transporteurs d'oxygène.
- Les flavo-protéines, qui sont des transporteurs d'électrons indispensables pour tous les métabolismes cellulaires.
- La transferrine, qui est une glycoprotéine qui fixe le fer pour le transporter. Chaque molécule de transferrine peut fixer deux atomes de fer.
- La ferritine et l'hémosidérine sont les formes de stockage du fer.

Les provenances du fer alimentaire	**mg/100 g**
Sucre, confitures	0
Lait, fromages	0,1 à 0,2
Fruits	0,1 à 0,5
Pommes de terre	0,5 à 1
Riz, pâtes, pain	0,5 à 1
Légumes verts	1 à 3
Œufs	2 à 3
Viande	1,5 à 3
Charcuterie	3 à 6
Pois, haricots, lentilles	4 à 8

Dans les pays normalement développés, l'alimentation humaine fournit à l'adulte 10 à 15 mg de fer par jour. La teneur faible en fer du sucre, des laitages et des féculents est la cause fréquente d'un déficit d'apport chez le nourrisson, le vieillard et certaines populations à alimentation déséquilibrée. De plus, le fer amené par les végétaux est moins absorbable que celui de la viande. Le vin et les alcools contiennent une quantité de fer variable, mais généralement élevée (> 10 mg/l), ce qui explique en partie la fréquence des hémochromatoses dans les cirrhoses alcooliques.

Les causes des carences martiales

Elles sont différentes selon le contexte :

- Chez la femme réglée, c'est tout d'abord une cause gynécologique provoquant un saignement qu'il faut rechercher. Il s'agit le plus souvent d'un fibromyome utérin qui augmente le flux menstruel, transformant les règles en véritables hémorragies. Ces pertes sanguines, certes intermittentes, mais importantes, provoquent une perte du fer sanguin qui épuise les réserves de l'organisme. Celles-ci n'ont pas le temps de se reconstituer entre deux cycles par le simple apport alimentaire, et il en résulte une carence chronique de fer.
- Chez l'homme et la femme non réglée, il faut rechercher un saignement chronique, qui est le plus souvent digestif (estomac, côlon, intestin grêle). La perte de sang est ici plus insidieuse car souvent non visible. Comme dans le cas précédent, ce suintement sanguin sera responsable d'une anémie par manque de fer, et donc d'une fatigue.
- Chez l'homme, la femme et l'enfant, les deux dernières causes de carence martiale sont : un syndrome de malabsorption du fer et une parasitose intestinale (ankylostomes

et bilharzies). Les causes de malabsorption du fer sont : une déficience en acide chlorhydrique stomacal, une déficience en cofacteurs d'absorption (cuivre, manganèse, molybdène, vitamine A, complexe vitamine B), une candidose intestinale.

- Enfin, le fer est le métal qui fait le plus souvent défaut à l'adolescent en période de croissance, surtout si la croissance est rapide.

Ne pas confondre !

Il est important de ne pas confondre une carence martiale vraie avec une carence martiale par stockage tissulaire du fer. Dans ce dernier cas, le fer se trouve stocké dans les tissus et n'est plus bio-disponible. C'est le cas des maladies inflammatoires chroniques[89] (rhumatismes inflammatoires chroniques, cancers...) qui sont responsables d'une séquestration inflammatoire du fer. Dans les deux cas, le dosage du fer sérique est bas.

	Carence martiale	**Séquestration inflammatoire**
Fer sérique	bas ou sub-normal	bas
Transferrine	normale ou augmentée	diminuée
Ferritine	basse	augmentée

Traitement

La plupart des carences martiales sont donc secondaires à un saignement. Le traitement devra tout d'abord être étiologique, en recherchant l'origine de ce dernier. Ce n'est qu'après cette démarche qu'un traitement substitutif pourra être mis en place.

Une fois la cause traitée, la restitution du stock de fer par un traitement substitutif est lente. Il faut entre 3 à 6 mois de thérapeutique martiale pour compenser les pertes.

CHAPITRE 5

Les viroses chroniques

De nombreux virus sont à l'origine d'une fatigue, qui peut être intense. Pour la plupart des maladies virales, la fatigue se manifeste lors de l'infection primaire. Il est alors facile de la relier à une cause identifiable car elle est accompagnée des autres symptômes de la maladie.

Mais certaines affections virales deviennent ensuite chroniques, et la fatigue est le seul symptôme qui se manifeste alors. Il est parfois difficile de mettre en relation cette fatigue isolée avec une origine virale ancienne, qui reste cependant active, mais de manière latente, sournoise, car aucun autre signe ne permet d'identifier la cause première.

La littérature anglo-saxonne appelle cette fatigue liée à un virus ancien *myalgic encephalo-myelitis* (ME). On pensait d'abord que ce syndrome post-viral était dû exclusivement au virus Epstein-Barr, mais on sait maintenant qu'il peut être également provoqué par n'importe quel autre virus. Les Anglo-Saxons font même une différence entre le *post viral fatigue syndrom* (PVS) et le *myalgic encephalo-myelitis* (ME). La seule différence est que dans le premier cas, la fatigue se manifeste pendant la phase aiguë de la maladie et dure généralement moins de 6 mois. Or, si cette fatigue et les autres symptômes qui l'accompagnent durent plus de 6 mois, on parle alors de *myalgic encephalo-myelitis.*

Voyons quels sont les principaux virus qui peuvent être à l'origine de l'affection :

- *Le groupe des Herpes viridæ* tient une place importante dans l'infectiologie humaine. On connaît jusqu'à présent 6 virus appartenant à ce groupe :
  - Herpes simplex de type 1 (HSV),
  - Herpes simplex de type 2,
  - Varicella-Zoster virus,
  - Epstein-Barr virus (EBV) ou virus de la mononucléose,
  - Cytomégalovirus (CMV),
  - Virus de la roséole (Pseudorabies virus – HHV-6).

  Tous ces virus ont une particularité commune : ils créent une maladie aiguë lors du premier contact (primo-infection) avec le sujet qu'ils infestent. Ils restent ensuite à l'état *dormant* dans les cellules de leur hôte et peuvent se réactiver lorsque les défenses immunitaires de celui-ci s'abaissent. C'est ainsi, par exemple, que les récurrences des virus Herpes simplex sont souvent rythmées par les règles chez les femmes, ou que la varicelle de l'enfant se manifestera par un zona à l'âge adulte.
  Parmi ces six espèces de virus, ce sont certainement le virus de la mononucléose et le cytomégalovirus qui provoquent la fatigue la plus intense. Comme toutes les infections virales, les autres virus génèrent une fatigue qui

se manifeste principalement pendant tout le temps de l'éruption cutanée, puis qui disparaît plus ou moins rapidement après la poussée éruptive. Les virus EBV et CMV sont les plus sournois puisqu'ils ne provoquent pas de manifestations cutanées, mais une fatigue très intense et anormale.

• Les virus du *groupe des hépatites* sont également capables de générer une fatigue intense. Le développement des techniques de sérologie a permis d'identifier un nombre croissant de virus pouvant être responsables d'une hépatite :
– Hépatite A (HAV),
– Hépatite B (HBV),
– Hépatite C (HCV, anciennement appelé : virus non-A, non-B),
– Hépatite D (Virus delta : HDV),
– Hépatite E.

D'autres virus sont également capables de provoquer une hépatite, et en particulier certains virus du groupe *viridae* comme :
– Cytomégalovirus (CMV),
– Epstein-Barr virus (EBV),
– Herpes simplex virus.

Dans certains cas (surtout dans le cas d'infection par les virus HBV, HCV et HDV), l'évolution de l'hépatite devient chronique. On parle alors d'hépatite chronique active. Les lésions hépatiques ne provoquent pas de symptômes cliniques, mais une fatigue intense est pratiquement toujours présente.

• *Les rétrovirus* (ou virus d'immunodéficience humaine, HIV) qui sont responsables du Sida provoquent également une fatigue importante :

- HIV-1,
- HIV-2,
- Human T Cell Lymphotrophic Virus-2 (HTLV).

• Les *virus de la grippe* et ceux du *groupe des entérovirus* (Coxsachievirus, Echovirus, Poliovirus) peuvent également être responsables du syndrome de fatigue post-virale.

L'*infection par le virus* Epstein-Barr

Longtemps pris pour l'agent responsable du *syndrome de fatigue chronique* (cf. chapitre 13), ce virus est l'agent responsable de la mononucléose infectieuse. Dans la plupart des cas, la primo-infection survient au cours de l'adolescence, et la transmission du virus se fait par contact salivaire. On a appelé cette maladie *la maladie du premier baiser.* Dans sa phase aiguë, elle se manifeste généralement par une forte angine, accompagnée de fièvre, des adénopathies[90] cervicales et une splénomégalie[91].

Cette symptomatologie pourrait être prise pour une angine bactérienne banale si une fatigue importante n'accompagnait pas les symptômes infectieux. Mais le virus ne provoque ces signes cliniques que dans 50 % des cas. Pour les autres, la primo-infection passe inaperçue.

L'*infection par le cytomégalovirus*

Cette forme d'infection provoque des symptômes semblables à ceux dus à l'infection par l'EBV, mais il n'y a pas d'angine, ni d'adénopathies cervicales. Sa transmission est sexuelle, et la primo-infection survient en principe entre 20 et 30 ans. Elle est généralement asymptomatique chez les sujets en bonne santé.

Les autres virus

Comme nous l'avons déjà mentionné, ce syndrome est très souvent lié à une infection par le virus EBV, mais bien d'autres virus peuvent être incriminés : les entérovirus (Coxsachievirus, Echovirus, Poliovirus), le groupe des Herpes viridés auquel appartient le virus EBV (Herpes virus 1 et 2, Cytomégalovirus, Varicella-Zoster virus, Pseudorabies virus). Il existe également une piste de recherche en direction des rétrovirus, dont le Human T Cell Lymphotrophic Virus-2 (HTLV)[92] fait partie.

On sait que certains rétrovirus sont en relation avec des maladies comme la leucémie, le lymphome et certaines pathologies chroniques du système nerveux central.

Tous ces virus ont la particularité de rester à l'état *dormant* dans l'organisme, pendant un temps plus ou moins long après la primo-infection. Ils déclenchent un cycle de développement lorsque le système immunitaire s'affaiblit.

La fatigue dans le syndrome de virose chronique

Une extrême fatigue, qui s'aggrave au moindre effort, est la caractéristique principale du syndrome *myalgic encephalomyelitis* (ME). Pour ceux qui en souffrent, il est souvent difficile de l'exprimer par des mots. Tout effort physique entraîne une fatigue disproportionnée à l'effort accompli. Et si, pendant la période de récupération, un nouvel effort intervient, la fatigue est cumulative et s'ajoute à la précédente qui n'a pas encore été récupérée. Il s'agit surtout d'une fatigabilité musculaire extrême. Un certain nombre d'études ont montré une incapacité du muscle à cataboliser l'acide lactique qui se forme lors de l'effort musculaire. Les analyses électromyographiques montrent des anomalies de la réponse musculaire à l'effort.

Les autres symptômes

La fatigue physique n'est pas le seul symptôme dont souffrent les personnes atteintes de virose. Elle s'accompagne presque toujours d'une fatigue mentale qui peut prendre des proportions importantes : impossibilité de lire un livre, de regarder la télévision, de suivre une conversation...

- Des phénomènes de vision trouble sont souvent décrits par les patients. Ces phénomènes sont liés à un trouble de l'accommodation par fatigabilité des muscles de la vision.
- Perte de salive pendant le sommeil. Les muscles des mâchoires deviennent si faibles que la bouche s'ouvre spontanément pendant le sommeil et que la salive s'écoule.
- Extrémités froides et sensibilité aux changements de temps. Les sujets atteints présentent une sensibilité inhabituelle aux moindres baisses de température. Ils ont une difficulté à adapter leur thermorégulation.
- Sensation de malaise général sans raison précise.
- Maux de tête fréquents, sévères, souvent rebelles aux antalgiques banals.
- Douleurs musculaires spontanées, survenant sans topographie précise et atteignant de préférence les groupes musculaires qui ont été *surmené*s par un effort récent et qui se trouvent en période de récupération. Les douleurs sont variables d'un individu à l'autre : sensations d'aiguilles, de crispations, de spasmes, de soudaines contractures...
- Hyperesthésie sensorielle se manifestant par des acouphènes, une hypersensibilité aux bruits les plus habituels (téléphone, circulation, radio...) et à la lumière.

- Vertiges plus ou moins marqués, allant de la sensation d'étourdissement jusqu'au vertige, empêchant la moindre activité.
- Instabilité psycho-émotionnelle. L'humeur est variable, changeante. Les pleurs surviennent sans raison. La dépression est fréquente.
- Les troubles du sommeil sont fréquents. Le sommeil, même prolongé, n'est pas réparateur. Le réveil matinal est pénible et les douleurs musculaires qui l'accompagnent peuvent durer une heure avant de commencer à s'estomper. Souvent, le rythme du sommeil est inversé. Les sujets luttent contre le sommeil toute la journée et sont incapables de dormir correctement pendant la nuit.
- Troubles du système digestif. Certains peuvent être dus à une allergie, à une intolérance alimentaire ou encore à une candidose chronique, qui sont fréquemment associées à ce syndrome. Les irrégularités du transit sont constantes.
- Troubles cardiaques et respiratoires. Des palpitations, accompagnées de douleurs précordiales, peuvent être inquiétantes. Le souffle peut être court, donnant l'impression de manquer constamment d'air, de ne pas pouvoir respirer à fond. Les soupirs sont fréquents.

Comment faire le diagnostic[93] ?

Voici un questionnaire qui vous permettra d'évaluer votre état... Répondez par écrit, puis comparez vos réponses avec l'interprétation qui se trouve en fin du questionnaire.

Attention, ne trichez pas !

Questions

1 Quels sont les principaux symptômes dont vous souffrez ?

2 Est-ce que vos symptômes varient dans le temps ?

3 Sont-ils pires pendant une période de la journée ? ou du mois ? ou de l'année ?

4 Depuis combien de temps souffrez-vous de ces symptômes ?

5 Depuis que vous souffrez de fatigue, ou au cours de cette dernière année, avez-vous présenté un ou plusieurs de ces symptômes ?

Δ Maux de tête, migraine.
Δ Catarrhe nasal.
Δ Aphtes.
Δ Dyspepsie, flatulences.
Δ Ballonnements.
Δ Gêne ou douleur gastrique.
Δ Constipation.
Δ Diarrhée.
Δ Irrégularité du transit intestinal.
Δ Écoulement dans la gorge.
Δ Irrégularité des battements du cœur.
Δ Palpitations.
Δ Douleurs de poitrine.
Δ Hypotension ou hypertension.
Δ Étourdissements, sensation de défaillir.
Δ Sensation générale de mal-être.
Δ Rétention d'eau.
Δ Cauchemars.
Δ Réveil difficile, avec des idées noires.
Δ Difficulté à démarrer le matin.
Δ Insomnie.
Δ Changements brusques de l'état d'âme.
Δ Crampes dans les membres.
Δ Douleurs dans les muscles.
Δ Articulations gonflées et douloureuses.
Δ Frissons soudains.
Δ Hypersensibilité aux bruits.
Δ Acouphènes.
Δ Nausées.

△ Sueurs abondantes.
△ Règles douloureuses.
△ Difficultés de concentration.
△ Irritabilité.
△ Attaques de panique.
△ Sensation de ne pas être soi-même.
△ Manque de confiance en soi.
△ Humeur variable, changeante.
△ Sensation de ralentissement général.
△ Hyperactivité.
△ Coup de pompe après les repas.
△ Fatigue extrême.
△ État grippal.

6 Avez-vous déjà souffert d'asthme, de rhume des foins, d'eczéma, de migraine, d'arthrite, de colite, de dépression ou d'affection psychique ?

7 Consommez-vous de l'alcool ? Si oui, quel effet a-t-il sur vous ?

8 Prenez-vous actuellement des médicaments prescrits par votre médecin ?

9 À quelle heure vous levez-vous ?

10 Que mangez-vous au petit-déjeuner ?

11 Combien de repas prenez-vous par jour ?

12 Prenez-vous habituellement un petit en-cas après le repas du soir ?

13 Si vous prenez vos repas à des heures normales, que ressentez-vous si vous en sautez un ?

14 Lorsque vous vous sentez mal, avez-vous pris l'habitude de manger une sucrerie, et avez-vous remarqué que vous vous sentiez rapidement mieux après ?

15 Avez-vous déjà présenté, ou présentez-vous actuellement l'un des symptômes suivants :

△ Fatigue persistante, non améliorée par le repos.
△ Surcharge pondérale, ou amaigrissement, avec fluctuation du poids.
△ Gonflement occasionnel du visage, des mains, du ventre, des chevilles.

∆ Palpitations cardiaques après avoir mangé.

∆ Sueurs abondantes sans rapport avec l'exercice.

16 Depuis que vous vous sentez mal, avez-vous modifié la quantité de vos aliments ou de vos boissons ?

17 Ressentiriez-vous un manque si vous deviez vous priver de certaines choses dans votre alimentation ou dans vos boissons ? Si oui, lesquelles ?

18 Y a-t-il des aliments ou des boissons que vous recherchez particulièrement par périodes ? Quand ces besoins surviennent-ils ?

19 Prenez-vous une pilule contraceptive ? En avez-vous déjà pris une ? Et pendant ou depuis combien de temps ?

20 Avez-vous pris des antibiotiques pendant ces trois dernières années ? Si oui, combien de fois et pourquoi ?

21 Combien de fois par jour devez-vous vous allonger pour vous reposer ou pour faire une sieste ?

22 Faites-vous de l'exercice physique par plaisir ? Si oui, que faites-vous et pendant combien de temps ?

23 Allez-vous à pied à votre travail, ou en voiture, en bus, en train ? Si vous marchez, quelle distance parcourez-vous chaque jour ?

24 Est-ce que l'exercice physique vous fatigue ? Si oui, au bout de combien de temps ? Quelle distance pouvez-vous parcourir avant de vous sentir fatigué ?

25 Vivez-vous seul ?

26 Si vous ne vivez pas seul, la ou les personnes avec lesquelles vous partagez votre vie sont-elles attentives à vos problèmes de santé ?

27 Avez-vous des enfants ? Quel âge ont-ils ? Vivent-ils avec vous ?

28 De combien de temps disposez-vous chaque jour pour vous détendre ?

29 Quels sont vos passe-temps, vos hobbies ?

30 Quel est le niveau de stress dans votre vie ? Ce stress est-il plus important à votre travail ou chez vous ?

31 Avez-vous été obligé d'interrompre votre activité professionnelle à cause de votre santé ? Si oui, quand ?

32 Si vous souffrez du bruit à votre travail, est-ce à cause de l'environnement mécanique (machines, appareils...) ou à cause des conversations des autres ?

33 Êtes-vous incommodé par les odeurs à votre travail ?

34 Y a-t-il des machines que vous trouvez bruyantes à votre travail ?

35 Fumez-vous ? Si oui, combien ? Ou si vous avez fumé, depuis combien de temps avez-vous arrêté ?

36 Si vous ne fumez pas, vivez-vous en contact avec des fumeurs à votre travail ou à la maison ? La fumée vous dérange-t-elle ?

37 À quelle fréquence utilisez-vous des produits d'entretien pour votre maison, ou des produits corporels (déodorants, parfums, spray...) ?

38 Utilisez-vous le gaz ou l'électricité pour vous chauffer ou pour faire la cuisine ?

39 Avez-vous un bon odorat ?

40 Avez-vous des réactions particulières aux produits chimiques ?

41 Y a-t-il des odeurs chimiques que vous aimez (essence, peinture, dissolvant...) ?

42 Êtes-vous exposé aux produits chimiques à votre travail ?

43 Votre état de santé s'améliore-t-il pendant vos vacances ? Ou si vous êtes loin de chez vous ?

44 Pouvez-vous relier avec précision le début de vos troubles avec un épisode de votre vie ? Lequel ?

Interprétation du questionnaire

• Question 1

Si vous souffrez d'un syndrome post-viral, vous aurez certainement écrit une longue liste de symptômes. Mais les symptômes principaux qui doivent figurer sur cette liste sont la fatigue physique extrême qui est aggravée par le moindre exercice, et surtout la fatigue psychique qui se traduit par une incapacité à penser clairement, à se concentrer. Entre autres symptômes, la froideur des extrémités est une indication capitale pour le diagnostic.

• **Question 2**

Les personnes qui souffrent du syndrome post-viral remarquent que leurs symptômes fluctuent considérablement. Par exemple, les femmes savent que leurs symptômes sont exacerbés en période prémenstruelle.

• **Questions 3 et 4**

On ne peut pas envisager de poser le diagnostic de syndrome post-viral si les symptômes décrits ne sont pas présents depuis plus de 6 mois et qu'aucune autre cause n'a été découverte. Il est habituel de ressentir un certain degré de fatigue, surtout après l'agression de certains virus, comme celui de la grippe, de la mononucléose infectieuse ou de l'herpès. Mais cette fatigue s'estompe généralement en quelques semaines ou quelques mois au plus. C'est seulement si les symptômes, et en particulier la fatigue, durent plus de 6 mois que l'on peut penser au syndrome de fatigue post-virale.

• **Questions 5 et 6**

Ces questions sont en rapport avec l'allergie. Les personnes qui souffrent de fatigue post-virale, ou leur famille proche, ont souvent connu dans leur passé des symptômes d'origine allergique. Il est difficile de savoir s'il s'agit d'une simple coïncidence ou s'il y a une relation entre ces deux affections.

• **Questions 7 et 8**

L'alcool et certains médicaments chimiques peuvent aggraver les symptômes du syndrome de fatigue post-virale. Le test de l'alcool est important. Si vous le supportiez auparavant et que maintenant, boire plus d'un verre vous perturbe, c'est un symptôme très significatif. Certaines personnes se sentent presque ivres après l'ingestion d'une ou deux gorgées d'alcool. Il semble que leur foie ne puisse plus métaboliser correctement l'acétaldéhyde produit par l'alcool et que ce catabolite agisse alors comme un poison du système nerveux.

• Questions 9 à 14

Si vous ne prenez pas de petit-déjeuner ou si votre alimentation ne vous apporte pas suffisamment de substances vivantes, énergétiques, vous pouvez aggraver considérablement la sensation de fatigue. Le petit-déjeuner doit être considéré comme le repas le plus important de la journée. S'en passer, c'est s'exposer à une hypoglycémie de fin de matinée, avec toutes les conséquences qui en résultent (cf. chap. 2).

• Questions 15 à 18

Ces questions ont pour but de démasquer une éventuelle allergie alimentaire et de dépister un tel état. Une réaction curieuse dans ce cas est que l'on est très dépendant de l'aliment auquel on est allergique. C'est comme pour la drogue ou le tabac.

• Questions 19 et 20

Ces questions permettent de dépister une éventuelle candidose chronique (cf. chapitre 1). En effet, une candidose peut s'associer à un syndrome de fatigue post-virale, favorisée par la faiblesse du système immunitaire cellulaire après une infection virale. La pilule anticonceptionnelle et les antibiotiques sont des agents de promotion des candidoses.

• Questions 21 à 24

Les personnes souffrant de syndrome de fatigue post-virale dorment plus que la moyenne et à des heures inhabituelles. Mais se réveiller fatigué signifie que le sommeil, même s'il a été suffisamment long, n'a pas été reposant. Certaines personnes ont même un rythme de sommeil inversé. Ils ont tendance à dormir peu durant la nuit et à avoir terriblement sommeil au cours de la journée.

• Questions 25 à 32

Ces questions tentent d'évaluer le niveau de stress. Il est bien sûr difficile d'y répondre de façon idéale, mais elles permettent d'analyser l'importance du stress auquel on est soumis. Il est clair que si votre partenaire est resté insensible, voire indifférent à vos problèmes de

santé, vous aurez bien du mal à vous prendre correctement en charge, et votre relation ne résistera pas longtemps à une telle pression. Ce simple désaccord peut, à lui seul, contribuer à aggraver beaucoup de symptômes. S'il vous a fallu, de surcroît, réduire ou arrêter votre activité professionnelle pour cause de santé, cela peut être un facteur de stress important (insécurité, dévalorisation, peur de l'avenir...).
Il est parfois utile de s'arrêter un instant et d'objectiver tous les éléments stressants de sa vie, de les énumérer, de les hiérarchiser, d'y réfléchir, et d'envisager des solutions réalisables pour les éliminer. Si vous n'y arrivez pas seul, faites appel à des personnes compétentes qui pourront vous aider.

• Questions 33 à 43

Comme pour les allergènes alimentaires, les molécules chimiques de l'environnement peuvent être responsables d'une aggravation considérable de vos symptômes. La plupart de ces molécules qui nous entourent font quotidiennement partie de notre vie. À cause des perturbations immunitaires induites par le (ou les) virus responsables du syndrome, il est possible qu'une intolérance à un ou plusieurs produits chimiques utilisés tous les jours ait pu se développer. Cette intolérance peut aggraver considérablement la fatigue et certains autres symptômes qui y sont liés. Il est très difficile de dépister une telle intolérance ; elle ne peut se faire que par élimination. Si vous avez répondu positivement à la question 43, il est fort probable que vous souffriez d'une intolérance à un des produits de votre environnement quotidien... il suffit alors de trouver lequel !

Question 44

Il est très fréquent de pouvoir relier exactement le début des troubles avec un événement précis. Ce peut être une maladie virale, ou un événement psychologiquement traumatisant. Les événements traumatisants sont en fait extrêmement perturbateurs pour notre immunité. Ils peuvent la déstabiliser au point qu'une maladie virale ancienne, qui était bien supportée jusqu'alors, se réactive et devienne responsable du syndrome de fatigue post-virale.

Conclusion

Ce syndrome de virose chronique est très fréquent. À notre époque, il est exceptionnel qu'un adulte n'ait pas été atteint par au moins un des virus cités plus haut ! Mais tous les sujets porteurs d'une virose chronique ne souffrent pas du syndrome de fatigue post-virale.

CHAPITRE 6

La spasmophilie et les carences minérales

La spasmophilie est une hyperexcitabilité neuromusculaire qui se manifeste par de nombreux symptômes : fatigue, troubles du sommeil, maux de tête, peur de sortir, flou visuel, tics des paupières, agoraphobie, claustrophobie, sensation de boule dans la gorge, manque d'air, douleurs neuromusculaires du dos et de la nuque, palpitations, tachycardie, oppression, pincements et points dans la région du cœur, aérophagie, brûlures d'estomac, spasmes douloureux des intestins, diarrhée ou constipation, douleurs du bas-ventre, sensation de fourmillements au niveau des lèvres, du menton, des extrémités, tremblements, contractures...

La plupart du temps, les spasmophiles s'avouent émotifs et anxieux, bien qu'étant calmes en apparence.

Un élément déclenchant...

Une poussée de croissance

Chez les adolescents, les périodes de croissance rapide pompent littéralement sur leurs réserves en minéraux, oligo-éléments et vitamines. Certains symptômes apparaissent alors, qui inquiètent leur entourage : fatigabilité anormale, manque d'attention et de concentration dans les études, inadaptation aux rythmes de la vie familiale et scolaire, instabilité psychique et émotionnelle – pleurs irraisonnés, colères disproportionnées, cauchemars, énurésie, bégaiements, étourdissements, sensation de défaillir, impressionnabilité. Des taches blanches apparaissent sur les ongles qui deviennent mous.

Un régime amaigrissant

Les régimes amaigrissants non accompagnés de compléments nutritionnels vitaminiques et oligo-minéraux ont tendance à déminéraliser. Il s'agit surtout des régimes de privation conduits sans contrôle médical. L'anorexie mentale en est une triste caricature.

Un choc affectif

La perte d'un être cher, d'un animal de compagnie, un vol, une agression, une rupture sentimentale... sont des événements qui peuvent déstabiliser un individu normalement bien équilibré.

Des tracasseries professionnelles

Les sujets harcelés par du *mobbing* professionnel, la crainte du chômage ou la mise en retraite anticipée et non souhaitée, subissent un état de stress quotidien propice à les déstabiliser.

Ces causalités ne sont nullement responsables de l'état spasmophile, qui préexistait à l'état latent. Elles en sont le révélateur qui, sur un terrain prédisposé, déclenche la pathologie.

Les signes cliniques

L'état d'hyperexcitabilité neuromusculaire est mis en évidence par des examens simples :

- *Le signe de Chvostek :* contracture, réflexe de la commissure des lèvres lors de la percussion de l'arcade zygomatique.
- *Le signe de Trousseau :* la pose d'un garrot veineux pendant une dizaine de minutes provoque une contracture typique du membre mis sous garrot : la main se crispe et prend l'aspect typique de la *main d'accoucheur*, puis elle fléchit sur l'avant-bras, qui se recroqueville sur le thorax. On a ainsi provoqué une crise de tétanie localisée.
- *Le signe de Weiss :* contraction réflexe de la paupière lors de la percussion de l'apophyse externe de l'orbite.
- *Le signe de Lust :* dorsiflexion du pied lors de la percussion du nerf sciatique poplité externe, au niveau de la tête du péroné.
- *L'épreuve d'hyperpnée :* une hyperventilation provoquée de trois minutes accentue les réflexes précédemment décrits, en particulier le signe de Trousseau.

Les examens complémentaires

- *L'électromyogramme* consiste à un enregistrement de la réaction musculaire à un *stimulus* électrique, sur oscilloscope.

- *L'électro-encéphalogramme* sous hyperpnée provoquée permet de vérifier l'état d'anxiété latente du sujet.
- *Les dosages des minéraux sur sang total,* et en particulier ceux du calcium, du magnésium et du phosphore, permettent souvent de mettre en évidence des carences plus ou moins importantes d'un ou de plusieurs de ces éléments. Bien qu'importante, la découverte d'une carence minérale n'explique pas la cause de la pathologie, dont l'origine se situe plus dans la capacité d'absorption à travers la membrane cellulaire, qui semble être modifiée chez les spasmophiles.

❑

CHAPITRE 7

L'hypotension

Le syndrome d'hypotension se caractérise par un ensemble de symptômes cliniques qui sont générés par une tension artérielle trop basse et mal supportée. Les plus caractéristiques sont :

- céphalées, maux de tête,
- fatigue, sensation de faiblesse,
- sensation vertigineuse,
- lipothymie, perte de conscience,
- évolution cyclique par crises régressives.

Dans certains cas, l'hypotension ne se manifeste que lorsque l'individu passe de la position couchée à la position debout. Il s'agit alors d'une hypotension orthostatique. Dans ce cas, la tension artérielle chute de manière importante[94] et reste basse durant plusieurs minutes.

Signes cliniques accessoires

Un certain nombre d'autres signes peuvent accompagner le syndrome hypotensif :

- éblouissements,
- vision de points noirs, de mouches volantes,
- vision brouillée, sensation de brouillard visuel,
- baisse de l'acuité visuelle,
- diplopie (vision dédoublée),
- alternances de tachycardie (rythme cardiaque rapide) et de bradycardie (rythme cardiaque lent),
- crises d'angoisses,
- dans les cas sévères, peuvent se manifester : syncopes brutales dites *à l'emporte pièce*, convulsions, myoclonies (secousses musculaires involontaires brusques et brèves), émissions d'urine avec morsure de la langue et absence séquellaire ; ces symptômes ressemblent à ceux des crises d'épilepsie.

Évolution

L'évolution de ce syndrome se fait par l'alternance de passage d'hypotension artérielle et de tension artérielle normale. De plus, le syndrome d'hypotension artériel a une latence clinique fonctionnelle. C'est-à-dire qu'il y a un décalage entre le moment où la tension artérielle baisse et celui où le sujet commence à ressentir les premiers symptômes cliniques. De ce fait, il peut arriver que la pression soit redevenue normale lorsqu'elle est mesurée, alors que certains signes persistent.

Discussion

Le syndrome d'hypotension est relativement fréquent et entraîne une fatigue constante, surtout aggravée à l'effort. Ce sont principalement les femmes qui en souffrent : chez elles, les signes sont beaucoup plus marqués pendant la période des règles et après, surtout si celles-ci sont abondantes. Il faut également y penser après un accouchement et pendant toute la période de l'allaitement. En effet, la perte importante de liquides organiques (règles abondantes, accouchement, allaitement) contribue à aggraver l'hypotension.

La surveillance régulière de la tension artérielle est le seul élément qui permettra de faire le diagnostic positif de cet état. Généralement, la tension artérielle est toujours basse pendant les périodes inter-critiques, et très basse pendant les crises.

❑

CHAPITRE 8

La dépression latente

Le syndrome dépressif est défini par 8 critères précis[95] :

- Perte de l'appétit (anorexie), accompagnée d'une perte de poids, ou augmentation de l'appétit (boulimie) avec prise de poids.
- Insomnie ou hypersomnie.
- Hyperactivité physique ou inactivité.
- Perte de l'intérêt et du plaisir pour accomplir les activités obligatoires ou les passe-temps ; diminution ou perte de la libido.
- Perte d'énergie vitale et sensation de fatigue.
- Sentiment d'inutilité, de culpabilité, de dévalorisation.
- Ralentissement intellectuel, idéation lente, concentration difficile.
- Pensées suicidaires récurrentes.

La présence de 5 de ces symptômes suffit pour diagnostiquer un état dépressif, mais un individu qui en présente 4 peut déjà être considéré comme un sujet déprimé. Selon l'*American Psychiatric Association*, les symptômes doivent être présents depuis au moins un mois pour que le diagnostic de dépression puisse être retenu.

Dans la plupart des cas, les symptômes sont secondaires à un événement traumatisant de la vie psychoaffective, et un traitement de soutien doit être proposé.

Outre ces 8 critères, il existe d'autres symptômes d'accompagnement :

- tristesse,
- pleurs fréquents, surtout le matin,
- crises d'angoisse,
- comportement général d'évitement, isolation, recherche de solitude,
- inhibition psychologique,
- manque de motivation,
- activité réduite,
- ralentissement moteur (bradykinésie),
- constipation.

Considérations générales

Bien que plusieurs de ces symptômes doivent être marqués pour pouvoir parler d'état dépressif, beaucoup d'individus souffrent de certains d'entre eux, certes de manière frustre, mais suffisamment pour que leur vie soit handicapée. Sont-ils pour autant déprimés ?

Dans le cadre d'une étude sur la fatigue, il est nécessaire de considérer l'état de dépression latente ou masquée ; c'est-à-dire le cas de ces personnes qui ne sont pas réellement déprimées, mais qui souffrent de façon insidieuse de plusieurs des symptômes qui caractérisent la dépression, sans qu'ils ne soient pourtant très intenses. Le symptôme dominant est sans le moindre doute une fatigue importante, surtout dans le sens d'une démotivation importante : « À quoi bon... ? » Il y a une perte de l'énergie vitale, une sensation de *coup de vieux*, une plus grande difficulté à effectuer les travaux que l'on accomplissait auparavant sans efforts particuliers, qu'ils soient physiques ou intellectuels. Certains autres signes accompagnent cette fatigue : modification de l'appétit et donc du poids, baisse de la sexualité, arrêt ou ralentissement de l'activité physique, modification du sommeil dans son rythme et dans sa qualité, sentiment de dévalorisation de la signification de sa vie, de l'avenir...

Il ne s'agit pas d'une dépression à proprement parler ; d'ailleurs, personne n'en prononce le mot car il peut faire peur. Mais pourtant !

On distingue en théorie 4 mécanismes de dépression :

- Une agressivité retournée contre soi-même (c'est le cas des dépressions dites endogènes).
- La perte du modèle, où la dépression est une réaction à la perte d'un être cher, d'un statut social, d'un acquis matériel ou immatériel, entraînant un sentiment de dévalorisation ou de perte (c'est le cas des dépressions dites réactionnelles).
- Le comportement de compensation, où la dépression est utilisée comme faire-valoir aux yeux des autres et des médecins. Elle permet une forme de manipulation de l'entourage (c'est le cas des dépressions hystériques).
- La perturbation de l'équilibre biochimique des acides aminés précurseurs des neurotransmetteurs, théorie qui est actuellement très en vogue, surtout depuis les récentes recherches concernant les causes possibles de la fibromyalgie (cf. chapitre 3).

Lorsqu'un des trois premiers mécanismes semble être la cause de la dépression, les traitements conventionnels, aidés de la psychothérapie, sont indiqués. Mais lorsqu'une cause ne semble pas évidente, on peut parler de dépression latente ou masquée. Il convient alors d'envisager une investigation biologique afin de déterminer les carences et les excès.

Approche thérapeutique

Δ *Dosage des neurotransmetteurs* (sérotonine, mélatonine, dopamine, adrénaline et noradrénaline) grâce à un *profil des neurotransmetteurs* fait à partir des urines.
Seuls les précurseurs des monoamines sont utilisés en thérapeutique :

- Le tryptophane est le précurseur de la sérotonine et de la mélatonine.
- La tyrosine et la phénylalanine sont les précurseurs de la dopamine, de l'adrénaline et de la noradrénaline.

Le L-tryptophane sera donc prescrit lorsqu'on retrouve une baisse de la sérotonine ou de la mélatonine. Il sera particulièrement intéressant de l'employer lorsque la dépression s'accompagne de troubles du sommeil. Le transport sanguin du tryptophane se fait de manière compétitive avec d'autres acides aminés (leucine, isoleucine, valine...). Il faut donc réduire les protéines alimentaires d'origine animale pendant le traitement par le tryptophane et augmenter les hydrates de carbone. La dose efficace est de 4 à 6 g par jour.
La L-phénylalanine et la L-tyrosine seront prescrites dans les cas de carence en dopamine, adrénaline ou noradrénaline.

Δ *Dosage des minéraux et oligo-éléments* grâce à un *profil minéral sur sang total.*

C'est souvent le magnésium et le zinc qui sont en déficit dans les cas de dépression latente. Bien que dans ce cas, la forme la plus efficace du magnésium soit la forme injectable en intraveineuse, il est possible d'utiliser la forme orale, à la dose de 500 mg par jour. Lorsqu'il est bas, le zinc nécessitera une supplémentation de 15 à 30 mg par jour.

Le cas particulier des carences en fer est largement abordé au chapitre 4.

Δ *Dosage des vitamines* grâce à un *profil vitaminique*.

Un certain nombre de vitamines sont couramment insuffisantes dans la dépression latente :

- vitamine B1 (thiamine),
- niacine, dont la carence est souvent retrouvée dans les carences en tryptophane,
- vitamine B6 (pyridoxine),
- acide folique et vitamine B12.

Δ *Le millepertuis*

Excellent antidépresseur végétal, l'herbe de St-Jean est riche en hypericine, alcaloïde qui améliore considérablement l'humeur, abaisse le seuil de l'anxiété et normalise le sommeil.

La dose efficace est de 1 g par jour.

Δ *La S-adénosyl L-méthionine 200 mg*

Complémentaire au millepertuis, cette substance est un donneur de méthyle exceptionnel. Elle a des propriétés de stabilisation de l'humeur comparables à celles induites par les inhibiteurs de la sérotonine.

Conclusion

Dépister une dépression latente est parfois difficile. Il faut surtout savoir y penser !

Une fois que le diagnostic est posé et le traitement instauré, les symptômes s'améliorent généralement très rapidement. La tristesse et les pleurs s'amendent et l'envie de vivre revient. La fatigue est peut-être le dernier symptôme à disparaître, et il faut souvent continuer le traitement suffisamment longtemps pour obtenir une stabilisation à long terme.

CHAPITRE 9

Les amalgames dentaires

La possibilité d'une intoxication mercurielle chronique, évoluant à bas bruit, chez les sujets porteurs d'amalgames dentaires à base d'argent et de mercure, soulève actuellement une controverse très médiatisée. Sans alimenter cette polémique excessive, il faut aborder ce sujet en toute objectivité. L'intoxication par le mercure entre dans le cadre des intoxications par les métaux lourds.

Le *plombage* dentaire ne contient pas de plomb, mais un mélange de plusieurs métaux, dont l'argent, l'étain, le zinc, le cuivre et le mercure (Ag3Hg4 + Ag3SnZnCu). Ce mélange est utilisé depuis environ 150 ans pour effectuer des obturations dentaires. Il est malléable, peu allergisant et d'un excellent rapport qualité-prix. Il contient de 40 à 50 % de mercure sous forme métallique, inorganique, qui n'est pas ou peu réabsorbé par le tractus gastroduodénal. On estime que la dose quotidienne absorbée est généralement inférieure à 5 µg.

Le risque majeur pour la santé en est la corrosion électrochimique, qui provoque un relarguage des métaux sous forme d'ions métalliques et la vaporisation du mercure. La corrosion électrochimique est principalement liée au plurimétalisme en bouche. La vaporisation est surtout liée à l'intervention secondaire sur des amalgames déjà posés : le fraisage, le polissage et l'échauffement.

La dépose des amalgames est en fait la principale cause d'intoxication mercurielle liée aux amalgames dentaires. Elle doit donc être effectuée dans le respect de règles strictes et codifiées : refroidissement, aspiration chirurgicale et champ opératoire. Il est essentiel de ne traiter qu'une seule dent par séance. Il faut éviter la dépose d'amalgames pendant la grossesse et l'allaitement.

Enfin, la mastication intempestive et systématique de chewing-gums est une cause non-négligeable de libération du mercure des amalgames[96]. Leur consommation doit donc être évitée par les porteurs de nombreux amalgames. Le bruxisme a également été signalé comme une causalité non négligeable[97].

Certains pays (Suède, Norvège, Danemark, Allemagne) ont mis de sévères restrictions ou même interdit la pose d'amalgames au mercure. Il y a pour cela de multiples raisons : une inquiétude justifiée liée à la pollution au mercure de l'environnement, l'apparence inesthétique de ces amalgames métalliques, le développement d'autres matériaux d'obturation, la baisse des caries dentaires dans ces pays où la politique préventive porte ses fruits.

D'une manière générale, l'apport de mercure lié à l'amalgame en bouche est théoriquement insuffisant pour produire des effets pathologiques dose-dépendants. Il est cependant incontestable qu'il existe une libération infinitésimale et régulière du mercure à partir des amalgames dentaires.

Cette libération, même impondérable, peut provoquer ou aggraver des troubles de santé chez certaines personnes sensibles. La toxicité dépend bien sûr de la dose absorbée, mais surtout de la sensibilité de l'individu. Cette dernière dépend elle-même de nombreux facteurs : sensibilité génétique, âge, poids, état nutritionnel, synergie d'intoxication à d'autres métaux lourds, existence d'une autre maladie, forme chimique du mercure (vapeur, métallique, sels, organique...). Les individus concernés ne développent pas une intoxication aiguë au mercure, mais une intoxication chronique dont nous verrons plus loin les signes.

Examinons les faits[98] :

- L'amalgame dentaire contient 40 à 50 % de mercure. Une dent remplie par un amalgame contient environ 0,5 g de mercure.

- Le mercure est le plus toxique des métaux lourds. Il est :
  - Δ cytotoxique (2, 27, 33, 106, 147, 148, 150, 160),
  - Δ neurotoxique, s'accumulant dans les cellules cérébrales (27, 34, 85, 111, 147, 148 160, 162),
  - Δ responsable d'un immunodéficit (27, 34, 35, 42, 43, 44, 45, 46, 47, 48, 60, 77, 78, 105, 117, 127, 128, 146, 155, 160),
  - Δ perturbant pour le système endocrinien par une action directe sur l'hypophyse (85, 105, 113, 146, 149),
  - Δ toxique pour le système reproducteur et pendant la phase de croissance (2, 3, 4, 20, 22, 24, 31, 37, 38, 39, 41,49, 105, 146, 149, 160, 204),
  - Δ toxique pour le système cardio-vasculaire (47, 201, 202, 205).

- Le mercure traverse la barrière méningée et s'accumule sélectivement au niveau du système nerveux central, et

en particulier au niveau de l'hypophyse (85, 113, 146, 162). 98 % du mercure retrouvé au niveau cérébral l'est sous forme méthylée, forme la plus toxique du métal (220). Il imprègne également le foie, le pancréas, les reins et la glande thyroïde.
Le mercure organique traverse facilement la barrière placentaire et peut manifester ses effets toxiques sur le fœtus et entraîner des déficiences neurologiques chez l'enfant[99].

• Au niveau de la cellule, le mercure modifie la structure biochimique de l'ADN, altère le transport du calcium, induit la formation de radicaux libres, inhibe la glutathion peroxydase et agresse l'endothélium cellulaire. Une infime quantité de mercure est capable de perturber sévèrement la fonction cellulaire et inhibe la croissance des cellules nerveuses (181).

• 0,5 g de mercure suffit pour polluer un lac d'une superficie de 10 acres, au point de rendre les poissons qu'il contient impropres à la consommation.

• Le mercure se concentre dans la chaîne alimentaire : les panthères de Floride qui mangent des oiseaux ayant consommé des poissons ayant nagé dans des eaux contenant de très faibles quantités de mercure (1/1.000.000) deviennent stériles ou meurent d'une intoxication mercurielle (160). Il en est de même pour les alligators.
La toxicité des dérivés organiques du mercure est connue, surtout depuis la catastrophe de Minamata au Japon (1955-1973) où des centaines de personnes sont décédées et plusieurs milliers sont atteintes de désordres neurologiques graves, suite à la consommation régulière de poissons fortement contaminés par le méthylmercure issu de rejets industriels importants.

- En plus de ses effets œstrogéniques, le mercure a d'autres répercussions hormonales qui ont été très documentés, en particulier sur la fonction de reproduction. Une oligospermie avec azoospermie et de nombreuses formes anormales de spermatozoïdes sont classiquement retrouvées.

  On constate également une baisse de certains neurotransmetteurs : dopamine, sérotonine, noreprenephrine (105, 107, 140, 141).

- Un amalgame dentaire contient en moyenne 0,5 g de mercure ; un adulte est donc porteur d'environ 5 g de mercure dentaire. Ce mercure n'est pas stable, mais s'évapore de manière continue, si bien qu'en 10 ans, plus de la moitié a imprégné le cerveau et les tissus (34, 47, 182).

- Le mercure provenant des amalgames dentaires est la principale cause d'intoxication mercurielle (80 %)[100]. Elle est de beaucoup supérieure à l'origine alimentaire (OMS, 183). Selon l'OMS, la dose hebdomadaire tolérable pour un consommateur adulte est de 0,2 mg de méthylmercure.

- Les vapeurs de mercure sont absorbées à 80 % par les poumons de l'organisme porteur d'amalgames, le reste par la muqueuse buccale (31, 40, 77, 79, 84, 94, 96, 117, 133, 211).

- Le plurimétallisme dans la bouche (or, platine, amalgames, etc.) provoque des courants induits qui augmentent l'évaporation du mercure, et donc l'imprégnation mercurielle des tissus (19, 27, 30).

Les symptômes d'une intoxication par le mercure[101] ?

Les trois symptômes principaux d'une l'intoxication aiguë par le mercure sont :

1 • Des symptômes neurologiques, principalement à type de tremblements intentionnels qui peuvent aller jusqu'à causer des altérations de l'écriture.
2 • Une gingivite typique.
3 • Des symptômes psychiques.

Une *intoxication chronique* au mercure peut prendre une multitude de formes symptomatiques. Les effets sur la santé d'expositions chroniques au mercure sont non spécifiques à faibles doses, alors qu'ils sont très caractéristiques à fortes doses.

Lors d'une intoxication chronique, les tremblements et la gingivite sont rarement présents. Par contre, les symptômes psychiques peuvent prendre de nombreux aspects :

- fatigue inexpliquée +++,
- irritabilité,
- colère soudaine,
- changements d'humeur sans raisons particulières,
- intolérance au stress,
- perte de capacités simultanées,
- plus grande sensibilité à la lumière et/ou aux sons,
- intolérance à la critique,
- perte de confiance en soi,
- timidité,
- très réservé,
- insécurité,
- irascibilité facile, sans raison apparente,
- introspection, manque de communication,

- anxiété,
- nervosité,
- attaque de panique,
- indécision (difficulté à prendre des décisions),
- insomnie,
- troubles du sommeil,
- rêves très nets,
- manque de concentration,
- perte de mémoire, surtout à court terme (Vroom 1992),
- brouillard dans la tête,
- confusion,
- impression de perdre la raison,
- humeur changeante,
- mentalement moins en paix,
- changement de personnalité,
- hypersensibilité,
- hallucinations,
- sonnerie dans les oreilles,
- difficulté à apprendre (surtout pour les enfants),
- manque d'ambition/d'intérêt,
- problèmes émotionnels,
- pensées répétitives,
- dépression mentale/abattement,
- maniaco-dépression,
- pensées/tendances suicidaires,
- manque de contrôle sur soi-même,
- comportement violent et irrationnel,
- retrait.

Il y a aussi d'autres symptômes physiques, tels que :

- maux de tête (parfois chroniques),
- engourdissements et douleurs des extrémités,
- ataxie,
- baisse de l'audition/difficulté à entendre,

- faiblesse des muscles,
- léthargie/somnolence,
- fatigue,
- plus fatigué le matin que la veille (difficulté à récupérer),
- dire les mots de manière *léchée,*
- léger bégaiement,
- difficulté dans la prononciation des mots,
- œdème (gonflements d'un ou plusieurs organes),
- coût métallique dans la bouche,
- dents déchaussées,
- salivation augmentée,
- perte de poids,
- perte de cheveux,
- nausées,
- constipation/diarrhée,
- crampes abdominales,
- autres troubles gastro-intestinaux (bursite, acidité, ventre gonflé, mal de ventre...),
- respiration difficile/courte/fétide,
- respiration irrégulière,
- transpiration excessive,
- douleurs au cœur ou à la poitrine,
- arythmie (battement affolé du cœur en peu de temps),
- tachycardie (difficulté du cœur à s'adapter aux changements de positions),
- palpitations cardiaques,
- cœur nerveux/battements du cœur irréguliers,
- gonflement des veines des avant-bras et tempes,
- sensation des pulsations cardiaques au bout des doigts et dans les oreilles,
- attaque de vertiges,
- mal au dos,
- mal au cou,
- douleurs chroniques aux épaules,
- troubles de la vision de nuit,

- difficulté à focaliser,
- restriction du champ visuel,
- troubles visuels (Smith 1978),
- yeux secs,
- hypertension oculaire,
- difficulté à discerner les couleurs,
- problèmes de sinus,
- problèmes de reins/syndrome néphrotique,
- perte/manque de coordination motrice (Smith 1978),
- marche irrégulière,
- réflexes hyperactifs 5 fois plus que la normale,
- altération de l'écriture, plus saccadée/nerveuse/ fatigue à l'écriture,
- pieds et mains facilement froids,
- rougeurs sur la peau/eczéma,
- peau malsaine, en moins bonne santé,
- hypertension artérielle,
- langue enflée, gardant l'empreinte des dents,
- lichens rouges et blancs sur les côtés de la langue, près des amalgames,
- spasmes mineurs ou tics musculaires,
- tics/spasmes occasionnels au niveau des sinus,
- douleurs aux articulations et aux muscles,
- lumbago,
- affection de la glande pituitaire/diabète insipide,
- affection de la glande thyroïde,
- affection du système immunitaire,
- douleurs aux dents,
- légère fièvre,
- perte d'appétit,
- bouffées de chaleur,
- ronflements nocturnes,
- troubles du foie,
- maladie d'Alzheimer,
- sénilité,

- symptômes sensoriels inexpliqués, surtout la douleur,
- allergies,
- maladie des surrénales,
- sensations de brûlures,
- semblant de méningite,
- sensibilité à la pollution de l'air (sensation de froideur dans la tête/mal de tête/cou/fatigue),
- sensibilité aux vapeurs des produits chimiques (mal de tête/front/cou/fatigue).

Comme on le voit, ces symptômes sont nombreux, variés et non spécifiques. Ils se développent graduellement et insidieusement. Il est toujours difficile de mettre le tableau clinique en relation avec une possible intoxication chronique au mercure dentaire.

Il y a eu certaines hypothèses (sans réelle étude scientifique à l'appui) qui avançaient que le mercure pourrait avoir un certain lien avec certaines maladies telles que :

- sclérose en plaques (SEP),
- sclérose latérale amyotrophique,
- sclérodermie,
- syndrome de fatigue chronique,
- leucémie,
- lupus érythémateux,
- anémie (par déficience de G-6-PD),
- arthrite,
- hypothyroïdie,
- hypoglycémie,
- cancer.

Il existe en particulier une nette relation épidémiologique entre la SEP et les caries dentaires. Le taux de mortalité par SEP présente une relation linéaire avec le nombre de dents manquantes et traitées dans 6 États australiens, 48 États américains et 45 pays d'Europe et d'Asie. Cette relation suggère que les caries dentaires sont des événements processeurs de la survenue d'une des formes de SEP[102]. Dans cette étude, la corrélation entre la SEP et le taux de caries pourrait être due à l'emploi des amalgames au mercure : lorsque les amalgames argent-mercure sont soumis à l'action de la salive et de l'air, le mercure inorganique est transformé en mercure organique, qui se comporte comme un neurotoxique puissant[103].

C'est la raison pour laquelle il faut être alerté pour ces pathologies particulières et rechercher systématiquement une intoxication au mercure dentaire.

Évaluation de l'imprégnation mercurielle

- Test de la salive (mesure de la concentration mercurielle de la salive après mastication de chewing-gum). Ce test a été retenu (groupe d'études de l'*Université de Tübingen*[104]) comme étant le plus approprié pour évaluer la charge en mercure due aux obturations en amalgames dentaires.
- Analyse des cheveux.
- Analyse des selles.
- Analyse des urines après chélation :
  - Récolter les premières urines du matin dans un récipient et doser le mercure urinaire (normalement absent !).
  - Prendre le chélateur chimique (oralement ou en perfusion veineuse).
  - Récolter à nouveau les urines 6 à 8 h après la prise et doser le mercure urinaire. La présence de mercure dans les urines après la prise du chélateur permet de conclure à la présence de mercure stocké dans l'organisme, mais ce test ne permet pas de conclure que ce mercure provient exclusivement des amalgames dentaires !

Utilisation d'un chélateur chimique

Un chélateur chimique a la propriété de mobiliser le mercure tissulaire et d'en permettre l'élimination urinaire. Il en existe plusieurs :

- DMPS (2,3-Dimercaptopropyl-1-sulfonat),
- DMSA (Dimercaptosuccinic acid),
- MSM (Methylsulphonylméthane),
- Glutathion,
- N-Acétyl L-Cystéine.

L'utilisation d'un tel chélateur, quel qu'il soit, doit se faire avec prudence car le mercure chélaté va être excrété par les reins. Il faut donc avant tout s'assurer du bon fonctionnement des reins (en demandant une *clearance* rénale). Il faut ensuite associer un drainage de la fonction rénale afin d'aider le travail des reins pendant l'élimination du mercure.

Protocole de détoxication orthomoléculaire

• Vitamine B1 (Thiamine)	500 mg/jour
• Niacin/Nicotinamide	25-100 mg/jour
• Vitamine B6 (Pyridoxine)	100-500 mg/jour
• Vitamine C (Acide ascorbique)	1000 mg/jour
• Vitamine E	100-200 mg/jour
• Magnésium	100-300 mg/jour
• Sélénium	50-200 mg/jour
• Zinc	20-40 mg/jour

Protocole de détoxication par des chélateurs naturels

1ère semaine

• *Au petit-déjeuner*

4 comprimés Spiruline

5 gouttes Coriandre T.M.

• *Au repas du soir*

4 comprimés Chlorella

1 comprimé Kyolic (ail vieilli et désodorisé)

2ème semaine

• *Au petit-déjeuner*

5 comprimés Spiruline

8 gouttes Coriandre T.M.

• *Au repas du soir*

5 comprimés Chlorella

2 comprimés Kyolic

3ème et 4ème semaines

• *Au petit-déjeuner*

5 comprimés Spiruline

10 gouttes Coriandre T.M.

• *Au repas du soir*

5 comprimés Chlorella

3 comprimés Kyolic

Ces protocoles sont à suivre3 semaines avant et pendant toute dépose d'un amalgame dentaire, ou avant et pendant un test de chélation par un chélateur chimique.

Conclusion

Le sujet est délicat ! Une intoxication chronique par le mercure ne donne pas de symptômes suffisamment caractéristiques pour pouvoir en poser le diagnostic clinique de manière irréfutable. L'excrétion urinaire de mercure après chélation ne prouve pas que celui-ci provient uniquement des amalgames dentaires.

De nombreuses personnes se font ainsi déposer les amalgames, en espérant trouver une solution à leurs problèmes de santé, mais souvent sans résultats.

Il existe cependant une possible imprégnation non négligeable de l'organisme par le mercure dentaire. Celle-ci serait préjudiciable à la santé des personnes sensibles et des sujets atteints par certaines maladies, en particulier la sclérose en plaques. C'est donc dans ces quelques cas précis qu'une dépose d'amalgames peut être envisagée, selon un protocole rigoureux, et sous le couvert d'une thérapie de chélation et d'un programme orthomoléculaire appropriés.

❑

CHAPITRE 10

La sensibilité aux produits chimiques de l'environnement

La sensibilité aux produits chimiques de l'environnement est un syndrome polymorphe qui a été pour la première fois identifié en 1952, par l'allergologue et immunologiste, le Dr Theron Randolph. Ce dernier avait remarqué qu'un certain nombre de ses patients réagissaient violemment à certains composés chimiques de leur environnement. Il identifia cette réaction anormale à un stress, qu'il compara au syndrome d'adaptation au stress défini par Selye. Il le relia aux effets négatifs sur la santé des dérivés pétrochimiques que l'on commençait à trouver abondamment dans l'environnement humain : additifs alimentaires, cosmétiques, carburants, fumées. Il remarqua en particulier que nombre de ses patients réagissaient fortement à de petites quantités de solvants industriels que l'on trouvait dans certains produits manufacturés, tels que les matériaux de construction, les meubles, les tapis, les journaux et, de manière générale, tous les imprimés.

Un bon nombre de publications parurent sur le sujet dans les années 50 et 60 dans la littérature spécialisée. Mais Randolph et ses collaborateurs ne trouvèrent pas, à l'époque, un écho favorable à leurs constatations cliniques. En 1965, Randolph fonda la *Society for Human Ecology* et invita les médecins de toutes spécialités à y prendre part. En 1985, cette société savante devint la *American Academy of Environmental Medecine* (AAEM).

L'AAEM a découvert qu'un certain nombre de pathologies, ou de syndromes, résultent de l'impact d'un environnement qui est devenu chimiquement agressif pour l'être humain. Certaines molécules chimiques sont reconnues comme des agents stressants, capables de déstabiliser l'homéostasie interne des individus sains. Cette perturbation peut être le fait de nombreux contacts successifs avec des substances diverses, mais dont l'effet est cumulatif dans le temps, ou la conséquence d'une agression massive unique. Les manifestations cliniques qui en résultent sont directement liées à la nature de l'agent agressant et à la durée de l'exposition. Elles sont également liées à l'individualité biochimique de la personne atteinte.

Quels en sont les symptômes ?

Une grande quantité de symptômes ont été décrits :

- fatigue importante +++,
- sensation de malaise,
- difficulté de concentration,
- perte de mémoire,
- sensation de faiblesse,

- migraines ou céphalées,
- nausées,
- irritations des muqueuses,
- vertiges.

En fait, la manière dont se manifeste ce syndrome varie considérablement d'un individu à l'autre et avec le temps. Certaines personnes sont réduites à une incapacité fonctionnelle totale tant leurs symptômes sont marqués, alors que d'autres ne sont dérangées qu'occasionnellement par des manifestations frustres très supportables.

Définition

Les critères qui définissent le syndrome sont les suivants[105] :

1 • pathologie chronique,
2 • faite de symptômes variables, mais récurrents et identiques à eux-mêmes,
3 • qui surviennent après une exposition minime,
4 • à des produits chimiques différents sans lien entre eux,
5 • et qui s'amendent rapidement dès que l'exposition s'arrête.

Un sixième critère a été ajouté en 1999 :

6 • Les symptômes observés touchent plusieurs systèmes fonctionnels.

Cette définition est actuellement reconnue, mais elle n'est pas encore standardisée dans les codes diagnostics et ne figure pas encore officiellement dans la liste des maladies définies par l'*Office Intercantonal du Contrôle des Médicaments* (Berne/Suisse).

Un consensus publié en 1994 par diverses associations professionnelles américaines[106] stipule que les symptômes du syndrome de sensibilité aux produits chimiques (*Multiple Chemical Sensitivity* ou MCS) ne doivent en aucun cas être interprétés comme des plaintes psychosomatiques, et qu'une investigation complète et approfondie devait en rechercher les causes.

Cette pathologie peut souvent s'accompagner d'autres états morbides, tels que l'asthme bronchique, la migraine, une allergie, un syndrome de fatigue chronique ou la fibromyalgie.

Une nouvelle maladie ?

Au cours du 20ème siècle, il y a eu une augmentation énorme dans la production et l'utilisation de composés chimiques synthétiques. On estime à plus de 5 millions le nombre de nouvelles molécules chimiques de synthèse, et très peu d'entre elles ont été effectivement testées quant à leur innocuité envers l'homme et l'environnement. De plus, l'exposition d'organismes vivants à la combinaison de plusieurs de ces molécules, que ce soit de manière simultanée ou séquentielle, n'a pas été réellement étudiée. Notre environnement chimique a donc considérablement et de manière insidieuse augmenté.

Il est très difficile de mettre en place la liste des effets indésirables, issus de l'exposition à chacune de ces substances ou de leurs associations. L'exposition humaine aux substances chimiques varie d'un jour à l'autre, et il n'en résulte jamais de tableau clinique précis aisément identifiable (à moins qu'il ne s'agisse d'une exposition professionnelle connue et référencée).

On sait qu'à la suite d'intoxications accidentelles par des produits chimiques synthétiques, un certain nombre de symptômes sont apparus chez les sujets exposés. Ces symptômes ont, par la suite, été exacerbés par une nouvelle exposition à des doses infimes du même produit, ou par le simple contact avec d'autres substances, telles que les produits chimiques organiques volatils (essence, benzène, trichloréthylène...), les parfums domestiques synthétiques (détergents, désodorisants, lessives en poudre...), ou même la fumée de cigarette, substances qui étaient bien tolérées auparavant. Il s'agit en fait d'une sensibilisation aux produits chimiques.

Le *mécanisme de la maladie*

1 • Fragilisation préalable du système immunitaire. Cette fragilisation peut être due à une maladie virale, à des vaccinations ou à des traumatismes psycho-affectifs.

2 • Sensibilisation qui intervient soit par une exposition importante, voire massive, à un produit chimique synthétique, soit par des expositions répétitives à de petites doses d'un même produit, cumulatives dans le temps. À cause de leur rôle biologique, il a été suggéré que les pesticides soient particulièrement aptes à induire une sensibilisation. Mais d'autres substances sont souvent responsables du déclenchement du syndrome : composés organiques volatils, diesels, oxydes d'azote...

3 • Apparition d'une symptomatologie spécifique à chacun.

4 • Réactivation des symptômes après une exposition faible soit au produit responsable de la sensibilisation, soit à d'autres produits chimiques (aérosols, déodorants...).

5 • Disparition ou diminution de la symptomatologie lorsque l'exposition cesse.

6 • Si l'exposition aux substances chimiques persiste, la sensibilité et le nombre des substances perturbatrices tendent à s'accroître. Avec le temps, une poly-allergie aux allergènes banals (pollens, poils d'animaux, poussières...) ou des intolérances alimentaires en résultent.

On estime que le syndrome touche entre 2 et 10 % de la population des pays industrialisés[107]. Dans les milieux professionnels exposés, c'est plus d'un tiers des individus qui en sont atteints[108]. Dans une étude portant sur une large population universitaire[109], 9,7 % des personnes ont reconnu être intolérantes à 6 à 10 substances chimiques de l'environnement : tapis neufs, imprimés, désinfectants, peintures, gaz naturels, parfums, pesticides, gaz d'échappements, fumée du tabac et goudron. Mais 85 % considéraient être particulièrement sensibles à au moins un des produits cités. Pourtant, seulement 0,2 % avaient été réellement diagnostiqués.

Une histoire vraie

Madame X. souffre depuis environ une année d'un syndrome de sensibilité aux produits chimiques. Dans ses antécédents, on retient une chute de l'immunité induite par un vaccin antivariolique, justifié par une longue suite d'infections : une néphrite, une appendicite compliquée, une sinusite purulente récidivante, de nombreuses angines, des cystites, parfois compliquées de pyélites, un lichen plan, une mycose unguéale tenace...

En 1992, elle est victime d'une intoxication sévère au formaldéhyde. Cette intoxication provoque une destruction partielle du pancréas, une agression des cellules sanguines, l'apparition d'un asthme bronchique.

En 1996, elle se découvre atteinte d'une thyroïdite d'Hashimoto.

En 1998, elle fait une vaccination combinée contre la diphtérie, le tétanos, la poliomyélite et l'hépatite A.

En 1999, apparaît une intolérance aux hydrocarbures, suite à l'inhalation accidentelle de produits souillés (rupture du système de liquide des freins qui passe dans la ventilation), puis une forte réaction allergique aux mousses isolantes de cuisine (en isocyanates de polyuréthane).

Au début de l'année 2000, elle a une forte réaction allergique respiratoire à un matelas en mousse de polyuréthane.

En février, l'inhalation d'un aérosol désodorisant lui provoque de fortes douleurs dans le nez, au niveau du front, du cou, de la langue, des yeux, dans les oreilles et l'œsophage. Elle a l'impression de brûler en dedans, même au niveau des intestins. Sa digestion et son transit intestinal sont perturbés. Depuis lors, elle a de vives réactions aux encres d'imprimerie, au savon, à la lessive, aux shampoings, au dentifrice, aux parfums, au cuir, à certains textiles, au bois traité, aux peintures, à la colle... Elle est extrêmement fatiguée et sa vie sociale et familiale est devenue un enfer. « Lorsqu'une voiture démarre en côte devant moi, j'ai immédiatement des douleurs aux bronches, irradiant surtout du côté droit, avec une impression de glaçons dans la poitrine, sur fond de feu. »

Conclusion

Il n'existe actuellement aucun traitement pouvant aider à soulager les symptômes des personnes souffrant de cette sensibilité aux substances chimiques de l'environnement. Le nombre de composés chimiques étant en constante augmentation dans notre environnement, il est probable que ce syndrome touche un nombre croissant de personnes dans les pays industrialisés.

❑

CHAPITRE 11

La malnutrition

Comment oser parler de malnutrition dans les pays occidentaux où l'alimentation est riche, abondante, diversifiée et fraîche... ? Et pourtant, nous allons voir que l'homme occidental moderne souffre de *surnutrition* et de *malnutrition* !

Notre alimentation moderne nous apporte-t-elle des minéraux et des vitamines en quantités suffisantes ?

Il existe une norme déterminant les quantités minimales et optimales d'apport quotidien pour chaque vitamine et chaque minéral. On l'appelle l'AQR (Apports Quotidiens Recommandés). Dans bien des cas, cette norme quantitative nécessaire à la santé et à son entretien n'est pas atteinte, loin de là. Trois études françaises, publiées en 1986[110], convergent pour indiquer que la population française ingère des vitamines et des minéraux en quantités bien inférieures à celles recommandées. Les plus grandes carences touchent surtout : les vitamines B1, B6, B9, E, D, C, et pour les minéraux : le fer, le zinc, le magnésium, le cuivre... et le calcium pour les femmes.

Quelles en sont les causes ?

La teneur en minéraux des légumes et des fruits dépend de la richesse des sols sur lesquels ils sont cultivés. L'exploitation agricole intensive des sols finit par user le substrat nutritif naturel sur lequel les végétaux poussent. Ceux-ci ne poussent alors plus que sur engrais et non plus dans une terre riche.

80 % de la population mondiale consomme moins de 40 espèces animales et végétales. Mais environ 5000 molécules de synthèse participent à son alimentation. *La diversité biologique a été remplacée par la diversité chimique industrielle.*

Actuellement, seuls 30 % des produits alimentaires agricoles arrivent inchangés dans l'assiette du consommateur. Ce pourcentage atteindra 10 % à la fin du siècle[111].

Le raffinage des céréales leur fait perdre jusqu'à 80 % des minéraux (surtout le magnésium). Leur conservation, après traitement thermique, détruit le zinc encore disponible.

L'utilisation d'herbicides et de pesticides provoque une baisse de la teneur vitaminique des légumes (tomates, pois, haricots, épinards, choux rouges, carottes, etc.). Certains fongicides contenant de l'acide propionique détruisent la vitamine E.

Les vitamines C et B sont très sensibles à la lumière, à l'air et surtout à la chaleur. La cuisson en détruit jusqu'à 95 %.

Certaines situations tendent à augmenter le besoin en vitamines, comme le tabagisme (vitamines B2, B9, B12 et E), la prise de pilule contraceptive (vitamines B2, B6, B9, B12, bêta carotène et vitamine C), la pollution, la grossesse, le sport, les maladies dégénératives.

La maturation artificielle et la conservation des fruits et des légumes entraînent également des pertes importantes de vitamines[112].

Les fruits et les légumes mis en conserve, surgelés ou déshydratés subissent un blanchiment préalable qui détruit jusqu'à 95 % de la vitamine C, 60 % de la vitamine B1 et 40 % des vitamines B2,PP, et B9[113].

La cuisson – quel que soit son mode – entraîne des pertes additionnelles en vitamines.

« *Par ailleurs, l'ensemble de ces traitements ne produit pas seulement un appauvrissement des aliments en minéraux et en vitamines, mais altère aussi la qualité nutritionnelle des acides gras poly-insaturés qui s'oxydent, et de certains acides aminés qui se condensent avec des sucres (réaction de Maillard), qui se pyrolysent ou se transforment en hydrocarbures poly-aromatiques et en aminés hétérocycliques.* »[114]

Parmi ces produits de dégradation obtenus par la conservation, la cuisson et les autres traitements, se trouvent de nombreux et puissants agents capables de diminuer la biodisponibilité des micronutriments, de produire des lésions athérosclèreuses, des mutations génétiques et d'induire des cancers.

Mais le changement certainement le plus important survenu depuis la Seconde Guerre mondiale est la modification des habitudes alimentaires.

Au Moyen-Âge, les moines pouvaient consommer de 1500 jusqu'à 2000 g de pain par jour, quantité qui était associée à une très grande activité physique et à l'absence

	Pain complet	Pain blanc	Viande	Sucre
1860	133	57	23	4.7
1907	12	109	46	17
1970	2	100	76	60
variation	- 98 %	+ 75 %	+ 230 %	+ 1100 %

Consommation annuelle en kg/habitant en Allemagne

1700	2
1800	8
1900	38
1933	48
1970	54,5

Consommation annuelle de sucre en Angleterre en kg/habitant

1840	1000
1880	600
1910	500
1936	350
1853	300
1967	224
1972	187
1979	172

Consommation journalière de pain en France en g/habitant

1840	20
1890	38
1921	41.5
1938	47
1853	60
1966	82
1974	89.7
1980	110.3

Consommation annuelle de viande en France en kg/habitant

(La France est le plus grand consommateur de viande d'Europe, et le quatrième sur le plan mondial, après l'Australie, les États-Unis et la Nouvelle Zélande – Statistiques du Ministère de l'Agriculture)

de chauffage dans les demeures. De nos jours, 60 % de l'apport énergétique provient d'aliments riches en calories et pauvres en minéraux et en vitamines.

Il est clair qu'au cours du dernier siècle, la consommation de céréales complètes a considérablement chuté, et celle des produits raffinés, de la viande et surtout du sucre a très fortement augmenté. Au-delà des carences induites par ces modifications, c'est au niveau du bouleversement de l'écosystème bactérien intestinal, chaînon important de notre système immunitaire, que l'impact a été le plus nocif[115].

Quant à la consommation des huiles alimentaires, elle est aujourd'hui particulièrement déséquilibrée. Les huiles raffinées ne contiennent que très peu d'acides gras essentiels, en particulier le précieux acide alpha-linolénique qui n'est présent que dans les huiles vierges de lin, de noix, de colza et de soja.

Cette *révolution agroalimentaire* des sociétés industrialisées a considérablement modifié le devenir des populations concernées, qui n'ont plus à craindre la famine qui sévit encore dans les pays en voie de développement. Les techniques de conservation par le froid garantissent une conservation optimale des denrées fraîches, permettant à la grande majorité de la population de consommer des produits frais : fruits et légumes, poissons et fruits de mer, fruits exotiques (kiwi, mangue, papaye...).

❑ ❑ ❑

Faut-il modifier notre alimentation ?

Dans la quantité, nous avons suffisamment. Nous sommes *surnutris*. Nos apports caloriques sont énormes, et même disproportionnés pour l'exercice physique que nous ne faisons pas. De plus, l'excès de calories alimentaires a des effets nocifs sur notre longévité et la fréquence de certaines pathologies dégénératives, comme les cancers.

Dans la qualité, nous sommes carencés. Nous sommes *malnutris*. Malgré la diversité alimentaire qui nous est proposée, celle-ci ne suffit pas à nous garantir l'essentiel. Il faut y ajouter une conscience nouvelle, celle du choix de la provenance des aliments et de leurs qualités biologiques intrinsèques. Cette conscience doit porter sur la qualité des huiles alimentaires, sur la richesse de nos aliments en substances antioxydantes (vitamine C, bêta carotène, vitamine E, zinc, sélénium...).

Peut-on définir les critères d'une alimentation saine type ?

Il est possible d'énoncer les grandes lignes d'une alimentation saine valable pour tous, capable de préserver la santé et d'équilibrer tous les paramètres vitaux essentiels au maintien de cette santé.

D'une manière générale, on peut dire que pour avoir une alimentation saine, il faut :

- ✓ apporter en quantité suffisante toutes les substances nécessaires à l'organisme pour assurer la vie, croître, se renouveler et éliminer correctement,
- ✓ avoir une restriction calorique suffisante pour prévenir l'obésité ; le besoin quotidien en protéines est de seulement 50 à 70 g,
- ✓ privilégier l'apport des protéines végétales par rapport aux protéines animales,
- ✓ avoir un apport de graisses de 20 à 30 %, ou moins de la totalité des calories ingérées ; ces graisses doivent être exclusivement des graisses poly-insaturées issues d'huiles de première pression à froid,
- ✓ consommer quotidiennement des végétaux à fibres,
- ✓ réduire le sel et l'alcool,
- ✓ consommer largement des légumes, surtout ceux de la famille des choux et ceux riches en bêta carotène (généralement les végétaux de couleur vert sombre ou jaune orangé),
- ✓ réduire considérablement la consommation de sucres rapides et d'amidons,
- ✓ consommer des céréales complètes et des féculents,
- ✓ éviter la cuisson des viandes ou des poissons à la braise ou à la rôtissoire, ainsi que les aliments brûlés ou saisis,
- ✓ réduire le café,
- ✓ éviter de réchauffer les aliments,
- ✓ éviter de frire les aliments et de réutiliser les huiles ou les graisses de cuisson,
- ✓ éviter de consommer de la nourriture traitée (nitrates), ainsi que des aliments riches en additifs ou en colorants,
- ✓ privilégier les aliments pourvoyeurs d'antioxydants (sélénium, vitamine C, vitamine E).

CHAPITRE 12

L'hypothyroïdie

La thyroïde est une glande endocrine qui se situe contre la trachée, sous le larynx. Elle comporte deux lobes distincts, réunis par un isthme central, ce qui lui confère la forme particulière d'un papillon. Les hormones thyroïdiennes qu'elle sécrète participent au métabolisme de chacune des cellules de notre corps, et leur dérèglement peut affecter toutes nos fonctions organiques. Selon l'importance des perturbations de leur sécrétion, les dysfonctionnements qui en découlent peuvent aller d'une forme extrêmement légère de maladie (hypothyroïdie infraclinique) à une déficience sévère pouvant mettre en jeu la santé (myxœdème).

Un ralentissement de la sécrétion des hormones thyroïdiennes peut être dû à un déficit de la synthèse des hormones par la glande, ou alors à une baisse de la stimulation de la thyroïde par l'hypophyse, qui sécrète une hormone de stimulation thyroïdienne (TSH).

On décrit ainsi deux principaux mécanismes pouvant expliquer un dysfonctionnement de la thyroïde :

- *L'hypothyroïdisme primaire,* dans lequel le taux des hormones thyroïdiennes circulant dans le sang est bas et le taux de TSH élevé. Cela correspond à un défaut de synthèse des hormones thyroïdiennes par la glande thyroïde.

- *L'hypothyroïdisme secondaire,* dans lequel le taux des hormones thyroïdiennes circulant dans le sang est bas et le taux de TSH également. Cela indique que l'hypothyroïdie provient de la glande hypophyse.

Depuis l'avènement des techniques modernes de laboratoires, le diagnostic de l'hypothyroïdie est basé sur les dosages des hormones thyroïdiennes et de la TSH hypophysaire. On se basait jadis uniquement sur la prise de la température basale (température au repos) et sur la mesure du réflexe achiléen (qui, comme tous les réflexes tendino-musculaires, est ralenti en cas d'hypothyroïdie). Ces techniques biologiques permettent sans aucun doute de faire rapidement le diagnostic de la plupart des hypothyroïdies.

Nous nous intéresserons donc uniquement aux cas limites, dits infra-cliniques, où les tests de laboratoires ne sont pas assez sensibles pour détecter une hypothyroïdie frustre ou, comme c'est souvent le cas, où les valeurs des tests sont bas, bien que normaux pour les limites conventionnelles.

Cette situation est bien plus fréquente que l'on croit. Il s'agit le plus souvent de femmes, au moment de la ménopause. Avec l'arrêt des sécrétions hormonales ovariennes, il se produit un ralentissement général des fonctions endocriniennes de l'organisme, et donc des fonctions thyroïdiennes.

En plus des troubles liés à la ménopause (bouffées de chaleur, sécheresse de la peau et des muqueuses, troubles du sommeil...), un certain nombre d'autres manifestations cliniques font penser à un ralentissement de la fonction thyroïdienne : prise de poids, fatigue inexpliquée, constipation, chute de cheveux, dépression. Ces symptômes sont trop facilement mis sur le compte de la ménopause, mais il s'agit en fait de troubles thyroïdiens associés à la ménopause. Or, si des dosages des hormones thyroïdiennes sont effectués, ils montreront des résultats situés dans les limites normales, mais très proches des valeurs minimales…

En fait, ce type frustre d'hypothyroïdie est très fréquent et de nombreuses personnes en souffrent sans en être diagnostiquées.

Les signes de l'hypothyroïdie

Un certain nombre de symptômes permettent d'attirer l'attention sur une possible hypothyroïdie :

- fatigue importante,
- diminution de la température basale,
- dépression,
- difficulté à perdre du poids,
- sécheresse de la peau,
- perte des cheveux, et des poils en général (la queue des sourcils),
- maux de tête,
- léthargie,
- dérèglement du cycle menstruel,
- tendance aux infections,
- constipation,
- frilosité.

Dans les cas où le dosage des hormones thyroïdiennes montre des résultats encore normaux, mais proches des valeurs minimales, il faut avoir recours à d'autres tests cliniques et biologiques. La mesure de la température basale est sans doute le test de dépistage le plus fiable et le plus facile à faire.

Mesure de la température basale

La température de notre corps est le reflet de notre activité métabolique. Cette activité est très largement liée à l'activité de nos hormones thyroïdiennes. La fonction thyroïdienne peut donc être facilement évaluée en mesurant notre température de base. Le seul instrument nécessaire pour ce test est un thermomètre.

- Secouez le thermomètre afin de faire descendre l'indicateur en dessous de 35° C et placez-le sur votre table de nuit, à portée de main.
- Mettez en place le thermomètre dès le réveil, avant de vous lever, en bougeant le moins possible (si vous prenez la température axillaire, attendez 10 minutes, pour la température rectale, 3 minutes suffisent).
- Notez la température indiquée.
- Recommencez l'opération au moins trois matins de suite.

Les femmes réglées doivent faire ce test uniquement les trois premiers jours des règles. Les femmes ménopausées et les hommes peuvent le faire à n'importe quel moment.

La température de base devrait se situer entre 36,4° et 36,7° C. Une température plus basse n'est pas exceptionnelle : elle est le reflet d'un état d'hypothyroïdisme. Par contre, une température plus élevée, supérieure à 37° C, est plus rare et serait le reflet d'un état d'hyperactivité de la glande thyroïde.

Troubles métaboliques

Les troubles métaboliques de l'hypothyroïdie sont le reflet d'un ralentissement général du métabolisme des protéines, des sucres et des graisses par l'organisme. Frilosité et prise de poids en sont les symptômes les plus classiques. L'augmentation du taux du cholestérol et des triglycérides sont constants, même dans les formes les plus légères d'hypothyroïdisme. Il y a donc, par là même, une augmentation du risque de maladie cardio-vasculaire[116].

L'hypothyroïdisme augmente également la perméabilité capillaire, provoquant des œdèmes lymphatiques.

Troubles endocriniens

La baisse de la libido est constante chez l'homme, et chez la femme réglée, les troubles du cycle menstruel sont typiques : règles abondantes et longues, avec un cycle plus court. La stérilité est fréquente.

La peau et les phanères

La peau est sèche, voire rugueuse, avec une desquamation fine. Les cheveux tombent et se raréfient. Ils sont secs et cassants. Les poils pubiens tombent. Les ongles deviennent fins et cassants, montrant des sillons transversaux.

Le psychisme

Le cerveau semble souffrir terriblement de l'insuffisance de la sécrétion des hormones thyroïdiennes. La fatigue et la dépression sont parmi les premiers symptômes à apparaître. La difficulté de concentration et la baisse de la mémoire se manifestent plus tard.

Les os et les muscles

Une faiblesse musculaire, accompagnée d'une raideur des articulations, est habituelle.

Les autres symptômes

Essoufflement, constipation, ralentissement de la fonction rénale d'élimination, sont les autres signes de l'hypothyroïdisme.

Thérapeutique

La synthèse des hormones thyroïdiennes est sous la dépendance de plusieurs nutriments importants. Un déficit d'un seul d'entre eux peut être responsable d'un état d'hypothyroïdisme infraclinique.

L'iode et la tyrosine

La synthèse des hormones thyroïdiennes s'effectue à partir de l'iode et de la tyrosine (qui est un acide aminé). Une carence en iode provoque l'apparition d'un goitre par hyper-stimulation de la TSH hypophysaire. Une carence en iode est actuellement rare, du fait de l'adjonction systématique d'iode dans le sel de cuisine. On décrivait classiquement des cas d'énormes goitres retrouvés dans les vallées alpines isolées, où l'alimentation iodée était absente (les fameux *crétins des alpes*). Cependant, il peut se produire une carence d'iode par blocage de l'utilisation de l'iode alimentaire par certains aliments : les navets, les choux, la moutarde, le soja, les cacahuètes, les pignons, le millet. La cuisson les neutralise.

Les sources de l'iode alimentaire sont : les algues, les huîtres, les langoustes et homards, les sardines et les poissons de mer, les coquillages, les oursins, et donc en général tous les fruits de mer.

Les vitamines et les minéraux

Le zinc, la vitamine E et la vitamine A sont également concernés dans les processus de synthèses des hormones thyroïdiennes. Il faut surtout se méfier des carences en zinc, qui sont très fréquentes actuellement et qui pourraient être responsables d'hypothyroïdisme secondaire.

Les vitamines B2 (riboflavine), B3 (niacine), B6 (pyridoxine) et C sont également nécessaires pour la synthèse des hormones thyroïdiennes.

L'exercice physique

L'exercice physique stimule la sécrétion thyroïdienne et augmente la sensibilité des tissus aux hormones thyroïdiennes. L'effet positif du jogging sur la santé est dû en réalité à l'activation de la glande thyroïde par l'exercice.

Les extraits thyroïdiens

Ils ne sont réservés qu'aux formes sévères. Dans les formes frustres, la nutrithérapie et l'exercice physique suffisent généralement à corriger la situation.

Le *programme nutritionnel*

Avec ce programme nutritionnel, la fatigue et la dépression disparaissent rapidement. Il faut un peu plus de temps pour corriger le poids et arrêter la chute des cheveux. Dans ce cas, une cure de vitamines injectables accélérera les résultats de manière spectaculaire.

❑

CHAPITRE 13

Le syndrome de fatigue chronique

Le syndrome de fatigue chronique (SFC) a été officiellement reconnu en 1988 par le *Center of Disease Control.* C'est donc très récemment que l'*establishment* médical s'est penché sur ce trouble de santé et l'a considéré comme une pathologie à part entière. Il est clair que ce syndrome se manifeste de manière très variable en fonction des individus qui en sont atteints. Comme beaucoup de pathologies actuelles, il serait d'origine multifactorielle. Comme pour la fibromyalgie, il n'existe encore aucun examen de laboratoire qui puisse en confirmer le diagnostic.

Bien qu'on l'ait cru au début, ce syndrome ne semble pas lié à une infection par le virus Epstein-Barr, ou à une infection chronique par le candida. Certaines formes cliniques de la maladie de Lyme donnent des tableaux cliniques très similaires avec le syndrome de fatigue chronique.

Définition[117]

Deux types de critères ont été décrits : des critères majeurs et des critères mineurs. Pour retenir le diagnostic de syndrome de fatigue chronique, le patient doit présenter les deux critères majeurs, et parmi les critères mineurs, soit 6 ou plus des 11 critères symptomatiques et 2 ou plus des 3 critères physiques – soit seulement 8 ou plus des 11 critères symptomatiques.

Les critères majeurs

• ***Fatigue évoluant depuis plus de 6 mois***
Il s'agit d'une fatigue persistante, ou d'une poussée de fatigue, ou de fatigabilité inexpliquée chez une personne qui n'avait jamais présenté auparavant ce genre de trouble. Cette fatigue ne s'améliore pas au repos. Elle impose une réduction de l'activité quotidienne d'au moins 50 %.

• ***Exclusion de toute autre cause de fatigue***
Il faut exclure toute autre situation pathologique qui permettrait d'expliquer cette fatigue, en se basant sur l'anamnèse, l'histoire de la maladie, l'examen clinique et les examens de laboratoire appropriés.

Les critères mineurs

• ***Les critères symptomatiques***
Ces symptômes sont apparus avec la fatigue et doivent l'avoir accompagné pendant au moins 6 mois :

- Fièvre modérée (oscillant entre 37,5 et 38,5° C).
- Mal de gorge chronique.
- Présence de ganglions cervicaux et axillaires, douloureux à la palpation.
- Faiblesse musculaire généralisée et inexpliquée.
- Myalgies (douleurs musculaires diffuses).
- Fatigue prolongée après un effort minime (qui était bien toléré auparavant).
- Migraines généralisées.
- Arthralgies erratiques sans gonflement ou signes inflammatoires.
- Symptômes neuropsychiques (photophobie, scotomes visuels, perte de mémoire, oublis, irritabilité, confusion, perte de concentration, dépression…).
- Perturbation du sommeil.
- Description de la même symptomatologie, telle qu'elle s'est manifestée au début des troubles, et depuis une période de plus de 6 mois.

• ***Les critères physiques***

Ils doivent être constatés par un médecin à deux occasions, espacées d'au moins un mois :

- Fièvre entre 37,5 et 38,5° C.
- Pharyngite non exsudative.
- Présence de ganglions cervicaux ou axillaires, sensibles à la palpation, d'un diamètre inférieur à 2 cm.

Hiérarchisation des symptômes du syndrome de fatigue chronique[118]

Symptômes	%
Fatigue	100
Capacité à situer le début des troubles	100
Faiblesse musculaire générale	90
Arthralgies	90
Faiblesse de la mémoire	90
Manque de concentration	90
Labilité émotionnelle	90
Myalgies	90
Confusion mentale	90
Variabilité de l'humeur	90
Petit fébricule (37,5 – 38,5° C)	85
Irritabilité	85
Fatigue prolongée persistant plus de 24 h après un exercice	80
Dépression	85
Maux de tête	76
Photophobie	76
Troubles du sommeil	76
Allergies	70
Vertiges	40
Adénopathies	40
Souffle court	33
Douleurs dans la poitrine	33
Nausées	33
Perte de poids	30
Bouffées de chaleur	30
Palpitations cardiaques	30
Ganglions lymphatiques douloureux	30
Troubles gastro-intestinaux	30
Sueurs nocturnes	25
Prise de poids	15
Rash cutanés	15

Une certaine similitude avec la fibromyalgie

Un certain nombre de symptômes sont communs entre la fibromyalgie et le syndrome de fatigue chronique.

Syndrome de fatigue chronique	Syndrome de fibromyalgie
La fatigue est intense. C'est en fait la principale plainte du sujet. Elle domine le tableau clinique.	La fatigue est présente, mais n'est pas aussi intense que pour le SFC.
Les douleurs musculaires peuvent être présentes, mais sont toujours au second plan. Quand elles sont présentes, elles sont diffuses.	Les douleurs sont le principal symptôme de la fibromyalgie. Elles dominent le tableau clinique. Elles sont toujours présentes, bien définies et localisées.
Les pertes de mémoire sont pratiquement constantes (90 %).	Les pertes de mémoire sont moins fréquentes.
Les allergies ressemblent à celles que l'on rencontre dans la candidose chronique : intolérances cutanées aux produits chimiques, aux odeurs, à l'environnement, à certains aliments.	Les allergies ne sont pas aussi fréquentes. Dans la grande majorité, elles étaient présentes avant l'apparition des manifestations cliniques du syndrome.
L'événement déclenchant est souvent une infection, suivie de prise d'antibiotiques. Rarement, on retrouve un stress.	L'événement déclenchant est un traumatisme, le plus souvent psychoaffectif, quelquefois physique.
Les troubles du sommeil sont surtout liés à la suractivité cérébrale.	Les troubles du sommeil sont surtout liés aux douleurs musculaires. Le sommeil n'est pas réparateur.

En résumé

Le syndrome de fatigue chronique se manifeste toujours par un pseudo état grippal traînant, accompagné de fatigue intense et de douleurs diffuses, persistant depuis plus de 6 mois, à l'exclusion de toute autre pathologie. Cet état se manifeste avec deux principaux groupes de symptômes :

- *les douleurs multiples* (musculaires, articulaires, migraines) résistant aux antalgiques et anti-inflammatoires,
- *les troubles neurovégétatifs* (palpitations cardiaques, troubles digestifs, hypotension, sueurs).

Cet état, qui s'installe souvent après une infection virale, oblige les sujets atteints à réduire ou à arrêter leur activité et à s'aliter.

Les hypothèses sur les causes du syndrome de fatigue chronique

- Selon une hypothèse lilloise[119], la cause serait liée à une altération du sommeil profond qui, dans 90 % des cas, précède l'apparition du syndrome. C'est donc le sommeil qui doit être restauré. La plupart des médicaments anxiolytiques du type benzodiazépine, que beaucoup de personnes prennent pour induire le sommeil, sont des tranquillisants et non des somnifères. Ils diminuent de 30 % les phases de sommeil profond réparateur et augmentent les phases de sommeil léger. Chez certaines personnes génétiquement sensibles, et donc plus vulnérables, ce comportement induit à plus ou moins long terme un syndrome de fatigue chronique.

• Dans les pays anglo-saxons, le syndrome de fatigue chronique était appelé *myalgic encephalitis* (cf. chapitre 5). Cette dénomination cible surtout le dysfonctionnement cérébral qui serait responsable de la fatigue et du trouble des fonctions cognitives. La cause en serait une inflammation chronique du système nerveux, due à une dysrégulation immunitaire. Il s'agirait d'un syndrome post-viral lié à l'infection par un certain nombre de virus (et non uniquement à l'infection par le virus Epstein-Barr).
Mais cette hypothèse est actuellement abandonnée, et le syndrome de fatigue chronique se distingue nettement du syndrome infectieux post-viral.

• L'origine virale a donc été suspectée depuis longtemps. En fait, elle ne serait pas liée aux virus habituellement connus, mais à des fragments viraux incomplets ou à des virus latents. Le Dr Hugh Fudenberg[120], qui a souffert de ce syndrome, a mis au point une technique de réhabilitation immunitaire, en transférant les informations de lymphocytes T helpers de sujets sains à un sujet malade. En utilisant un *transfer factor* sous forme orale, il serait capable d'obtenir des résultats favorables dans 85 à 90 % des cas.

• Quelques études récentes posent la question de savoir si ce syndrome ne serait pas lié à un processus inflammatoire chronique du système nerveux central immunologiquement induit. Une constante élévation du rapport des lymphocytes T CD4/CD8 a été retrouvée de manière significative, par rapport aux sujets témoins. La résonance magnétique nucléaire cérébrale des sujets malades objective des zones punctiformes de haute densité, situées dans les régions sous-corticales, suggérant des micro-œdèmes ou des zones de démyélinisation. Chez ces sujets, les tests de réplication des lymphocytes mettent en évidence une sensibilisation par un des virus de l'herpès (HHV-6)[121].

- Si la causalité semble multifactorielle, de nombreux facteurs ont été envisagés, incriminant une baisse de l'immunité, le stress, la dépression, un dysfonctionnement hépatique, une agression environnementale, des cofacteurs iatrogéniques, des anomalies des mitochondries, un dysfonctionnement de l'axe hypothalamo-hypophyso-surrénalien.

  D'autres facteurs ont également été suspectés, comme une infection chronique au *candida albicans*, une intolérance alimentaire, une hypoglycémie, une hypothyroïdie, une anémie, des carences nutritionnelles, des perturbations du sommeil, l'apnée du sommeil, une activité physique insuffisante…

- Il a été remarqué que les personnes atteintes du syndrome de fatigue chronique présentaient des anomalies biologiques qui les faisaient suspecter comme étant porteurs d'infections virales latentes :
  - taux élevés d'anticorps antiviraux,
  - diminution du taux de lymphocytes *natural-killer*,
  - taux d'anticorps spécifiques très élevés,
  - taux perturbé des immuns complexes circulants,
  - taux d'interleukine 2 élevé,
  - perturbation du taux des interférons,
  - rapport des lymphocytes CD4/CD8 perturbé.

  Sans pouvoir mettre le doigt sur le virus ou le génome viral responsable de la maladie, la recherche actuelle tend à s'orienter vers une perturbation immunitaire de nature auto-immune, viro-induite.

- Un axe de recherche intéressant s'oriente vers les perturbations de l'axe hypothalamo-hypophyso-surrénalien. C'est l'axe physiologique de contrôle du stress. Demitrak[122] est arrivé à la conclusion que les patients atteints de syndrome de fatigue chronique présentaient un taux abaissé du cortisol circulant. Comme pour la fibromyalgie, de nombreux malades atteints de ce syndrome se souviennent avoir vécu un épisode traumatisant dans leur vie, avant la survenue de leurs troubles. Cette agression psychique pourrait être à l'origine de la perturbation neuroendocrinienne. Une insuffisance de cortisol pouvant être responsable d'une fatigue importante, surtout après un exercice physique, de douleurs des articulations et des muscles, d'adénopathies, d'allergies diverses, de perturbation de l'humeur et du sommeil.

- Dans une étude récente, les sujets malades examinés ont montré une augmentation de l'activité de la 2-5-a-synthétase et de la RNAse L, qui entraîne une déplétion en ATP cellulaire. L'énergie de la cellule est produite dans les mitochondries contenues dans chaque cellule. Une perturbation des fonctions mitochondriales contribue à entraîner une fatigue générale de l'individu.

- Les innombrables facteurs iatrogéniques (les effets secondaires des médicaments chimiques) ont été également incriminés, en particulier ceux dus aux anti-hypertenseurs, anti-inflammatoires, pilule anticonceptionnelle, antihistaminiques, corticostéroïdes, tranquillisants et antibiotiques. Parmi les 70 000 substances chimiques de synthèse qui sont présentes dans notre alimentation, notre environnement (air, eau) et l'industrie pharmaceutique, un certain nombre peuvent inter-réagir sur nos chromosomes cellulaires et modifier notre ADN.

Les traitements

Il est évident que, tant que la cause n'est pas connue, le traitement ne pourra être que symptomatique. Il n'y a pas de traitement spécifique ni de régime particulier à suivre.

- NADH (Nicotinamide Adénine Dinucléotide) est un métabolite de la niacinamide co-enzyme actif de la vitamine B3. C'est actuellement la substance la plus appropriée qui a été proposée par le professeur Georges D. Birkmayer pour aider les patients souffrant de ce syndrome. Chaque molécule de NADH fournit en effet trois molécules d'Adénosine Tri-phosphate (ATP) à la cellule.

❑

« La plus atroce offense que l'on puisse faire à un être humain, c'est de nier qu'il souffre. »
Cesare Parese

« Un malade ne doit pas continuer de souffrir parce que celui qui le soigne ne sait pas qu'on peut le soulager. »
René Leriche – 1920

CONCLUSION

La fatigue est le symptôme commun de tous ces syndromes. Il est possible d'envisager cette plainte subjective avec toute l'objectivité nécessaire. Une anamnèse bien conduite, un examen clinique attentif ainsi que des examens complémentaires circonstanciés doivent permettre d'aboutir à un diagnostic précis, ou tout du moins à une hypothèse de causalité. Il ne faut jamais arriver à la conclusion trop rapide que la fatigue et les souffrances ressenties par un individu ne sont que des troubles psychosomatiques liés à de l'hypochondrie.

Le traitement est souvent difficile à instaurer car il n'y a pas de réponse thérapeutique évidente pour un certain nombre de ces conditions. Mais si une solution n'est pas toujours envisageable, l'essentiel est de savoir pourquoi on est fatigué...

Le lecteur attentif aura certainement remarqué qu'un certain nombre des syndromes décrits dans ce livre est fort proche. En particulier, il ne faut pas confondre :

- le syndrome de fatigue post-virale,
- la fibromyalgie,
- le syndrome de fatigue chronique,
- le syndrome de sensibilité aux produits chimiques.

qui ont des manifestations cliniques proches et parfois des hypothèses étiologiques identiques. Bien qu'étant confondus par certains chercheurs, ils ont volontairement été présentés ici comme des entités cliniques différentes.

En outre, il peut arriver que plusieurs causes soient intriquées dans l'origine d'une fatigue chronique. Il est ainsi fréquent de constater qu'un syndrome d'hypoglycémie fonctionnelle soit associé à une candidose chronique. De même, on peut retrouve l'association d'une spasmophilie et d'un syndrome de malnutrition, d'une carence martiale et d'une hypotension, d'une candidose chronique et d'un syndrome de sensibilité aux substances chimiques de l'environnement...

Comment s'y retrouver ? Le symptôme *fatigue* n'est en fait jamais isolé, mais toujours emphatisé. Il *couvre* le reste des symptômes qui l'accompagnent. Ceux-ci sont donc minimisés, au point même de ne pas être mentionnés. Et pourtant, c'est avec tous les autres signes que le thérapeute pourra s'orienter vers un diagnostic. Dans cette quête à la recherche du moindre indice, le dialogue est d'une importance capitale : il permet souvent d'émettre une hypothèse diagnostique, bien plus que ne pourront le faire les examens de laboratoire dont les résultats sont souvent décevants.

Comment vous y retrouver ? Il serait facile de prendre un crayon, de feuilleter ce livre, et de marquer par une croix tous les symptômes dont vous semblez souffrir, et donc qui vous concernent. Mais vous vous rendrez vite compte que, en fin de compte, vous risquez de vous retrouver avec des croix à chaque page... ou presque ! L'approche la plus juste est toute autre : après avoir lu ces pages et sans les consulter pour vous aider, dressez la liste des maux dont vous vous plaignez, en détail et sans vous presser. Prenez pour cela plusieurs jours. N'ayez pas peur de marquer des troubles qui peuvent paraître insignifiants ou incongrus. Lorsque votre liste vous semble complète, recherchez dans le livre si vous retrouvez les symptômes que vous avez référencés. Si vous en retrouvez certains dans plusieurs chapitres, marquez-les à chaque fois. Le chapitre qui en contient le plus est certainement celui qui vous concerne.

Les conseils de traitement indiqués dans certains chapitres sont purement indicatifs. Ils ne sont ni limitatifs ni exhaustifs. Ne vous en servez en aucun cas pour une autothérapie. Faites confiance à votre thérapeute pour une prise en charge, même si sa prescription ne correspond pas aux indications données ici. Pendant quelques décennies encore, la médecine restera un art avant d'être une science, et il ne peut y avoir de protocoles standardisés tant que l'on s'adresse à un être humain. D'autres médecines, autres que la médecine officielle, peuvent avoir votre réponse sur le plan thérapeutique.

Il y a deux circonstances particulières qui ne facilitent pas l'aide à apporter au *fatigué* : la première est la pérennisation de la fatigue avec le temps. Certaines personnes sont fatiguées depuis si longtemps que, n'ayant pas trouvé de réponse à leur plainte, elles ont appris à vivre avec ! La fatigue fait partie de leur vie quotidienne et ce sont des fatigués chroniques. La seconde, c'est lorsqu'il y a une intrication de plusieurs syndromes responsables d'une fatigue. Alors les choses se compliquent sur le plan thérapeutique. Quelle est la cause, et quelle est la conséquence ? Par quoi commencer ? Hormis ces deux conditions particulières, qui sont cependant relativement fréquentes, toute fatigue doit trouver sa cause et son explication.

Les syndromes décrits dans ce livre ne sont pas limitatifs et ne concernent que les causes fonctionnelles de fatigue. Il n'est pas lieu de décrire ici toutes les causes organiques de fatigue qui devront être envisagées, et donc investiguées, dans les cas où toutes les hypothèses de ce livre seraient éliminées. Toutes les maladies graves : infarctus du myocarde, cancer, poussée de sclérose en plaques, de polyarthrite rhumatoïde... ont été précédées d'un épisode de fatigue inhabituelle qui a souvent été négligé ! On le retrouve immanquablement dans l'anamnèse.

Si ce livre devait être porteur d'un message, ce serait indubitablement celui-ci : ***il faut prendre la fatigue au sérieux !***

« Apaiser les douleurs, calmer les souffrances constituent le fondement de la Science Médicale. »
Hippocrate

❑

Références bibliographiques

1 R. Steiner, *L'entité psycho-spirituelle de l'homme* (Conférence du 7 mars 1916, Berlin).

2 Wunderlich Ray, Kalita D., *Candida Albicans* (Keats Publishings, Inc.)

3 Il s'agit le plus souvent de la souche "Albicans", mais il peut s'agir également des souches "Parapsilopsis, Glabrata, Krusei ou Tropicalis".

4 Kroker G.-F., *Chronic candidasis and allergy* (in *Food allergy and intolerance* - W.-B.Sanders, Philadelphia, 1987 - p. 850-872).

5 Truss O., *The Missing Diagnosis* (P.O. Box 26508 - GB-Birmingham - 1983).

6 William G. Crook, M.D., *The Yeast Connection* (Professional Books, P.O. Box 3494 - USA-Jackson, Tennessee, 1983).

7 Les antibiotiques le plus souvent en cause sont ceux dérivés de cultures de champignons, encore appelés mycosiques, telle la pénicilline. Selon Glauser (Laboratoire Séphal à Vevey/Suisse), toute personne ayant reçu dans sa vie une seule injection de pénicilline devient pour toujours un porteur chronique.

8 Antifongique = médication empêchant le développement des champignons.

9 C'est l'un des points les plus importants qui est développé dans *Je me sens mal, mais je ne sais pas pourquoi !* (Ph.-G. Besson - éd. Jouvence, 2003).

10 La candidine est la toxine principale secrétée par le *candida albicans*.

11 Cette toxine a été particulièrement étudiée par Mlle Dreyfus, chargée du service de mycologie de la Faculté de Médecine de Paris (Laboratoire du Pr Tanon).

12 Odds - *Candida and candidosis* (éd. Ballière Tindall, 1988).

13 Saprophyte veut dire que ce champignon microscopique, qui ne possède pas de pigment chlorophyllien, dépend pour vivre de la nourriture que lui fournit son hôte.

14 Bland Jeffrey, *Hidden diseases caused by candida* (Preventive medecine - 3, 12; 1984).

15 Ibidem 6.

16 Extrait de *Encyclopedia of natural medecine* - M. Murray & J. Pizzorno (In W.-G. Crook, *The Yeast Connection* - disponible chez Professional Books, - ibidem 6).

17 Hunnisett, *Gut fermentation syndrome* (J. Nut. Med. 1:1 1990).

18 Horowitz B.-J., *Sugar chromatography studies in recurrent candida vulvovaginitis* (J. Repro. Med. 7 :441-443, 1984).

19 Lablanchy J.-P., *Les candidoses* (Bulletin de l'Association Médicale Kousmine Internationale - n° 5 - 1er sem. 1993).

20 Adetumbi M.-A., *Allium sativum, a natural antibiotic* (Medical hypothesis 1983 - n° 12 - p. 227-237).

Amer T., *The effect of aqueous garlic extract on the growth of dermatophytes* (Int. Journal of Dermatology, 1980 - n° 19 - p. 285-287).

Moore G.-S., Atkins R.-D., *The fungicidal and fungistatic effects of an aqueous garlic extract on medically yeastlike fungi* (Mycologia 1977 - n° 69 - p. 341-348).

Sandhu D.-K., Warraich M.-K., Singh S., *Sensivity of yeast isolated from cases of vaginitis to aqueous extracts of garlic* (Mykosen 1980 - n° 23 - p. 691-698).

21 Ibidem 6.

22 Keeney E.-L., *Sodium caprylate, a new and effective treatment of moniliasis of the skin and mucous membranes* (Bull. John Hopkins Hosp. 1946 - n° 78 - p. 333-339).

Nerhauser I., Gustus E.-L., *Success treatment of intestinal moliliasis with fatty acid resin complex* (Arch. Intern. Med. 1954 - n° 93 - p. 53-60).

23 Schwabe A.-D., Bennet L.-R., Bowman L.-P, *Octanoic acid absorption and oxidation in humans* (Journ. Applied Physiology 1964 - n° 19 - p. 335-337).

24 Ibidem 6.

25 Duke J.-A., *Handbook of medicinal herbs* (CRC Press, Boca Raton 1985).

Leung A.-Y., *Encyclopedia of common natural ingredients used in food, drugs, cosmetics* (John Wiley & Sons N.Y., 1980).

Mahajan V.-M., Sharma A., Rattan A., *Antimycotic activity of berberine sulphate* (Sabouraudia 1982 - n° 20 - p. 79-81).

Sharma R., Joshi C.-K., Goyal R.-K., *Berberine tannate in acute diarrhoea* (Indian pediatrics 1970 - n° 7 - p. 496-501).

Desai A.-B., Shah K.-M., Shah D.-M., *Berberine in treatment of diarrhoea* (Indian pediatrics 1971 - n° 8 - p. 462-465).

26 Sabir M., Bhide N. , *Study of some pharmacologic actions of berberine* (Ind. J. Phys. Pharm. 1971 - n° 15 - p. 111-132).

27 Kumuzawa Y., Itagaki A., Fukumoto M., *Activation of peritoneal macrophages by berberine-type alkaloïds in terms of induction of cytostatic activity* (Int. J. Immunopharm. 1984 - n° 6 - p. 587-592).

28 Willard T., *A textbook of natural medecine* (John Bastyr College Publications 1988, Seattle, WA).

29 Ibidem 17.
30 Coeugniet E., Kühnast R., *Rezidivierende Candidasis.*
31 Ibidem 17.
32 Galland l., *Nutrition & Candidasis* (J. Ortho. Psy. 14:50-60, 1985).
33 Am. J. Clin. Nutr. 34 :1906-11, 1981.
34 Galland l., *Nutrition & Candida Albicans (*A year in nutritional medecine, J. Bland, Ed. 1986).
35 Brostoff Jonathan, Challacombe Stephen, *Chronic candidasis & allergy in food allergy & intolerance* (Bailliere Tindall, 1988).
36 Boyne R., Arthur J.-R., *The response of selenium deficient mice to candida albicans infection* (J. Nutr. 116(5):816-822, 1986).
37 Truss Orian, *Metabolic abnormalities in patients with chronic candidasis* (J. Orth. Med. 13 :66-93, 1984).
38 Ibidem 32.
39 Ibidem 32.
Samaranayeke L.-P., *Nutritional factors and oral candidosis* (Journal of oral pathology 1986 - n° 15 - p. 61).
Edman J., Sobel J.-D., Taylor M.-L. , *Zinc status in women with recurent vulvovaginal candidasis* (Am. Jour. Ob. Gynéc. 1986 - n° 155 - p. 1082-85).
Boyne R., Arthur J.-R., *The response of selenium-deficient mice to candida albicans infection* (J. of nutrition 1986 - n° 116 - p. 816-822).
40 Collins E.-B., Hardt P., *Inhibition of candida albicans by lactobacilus acidophilus* (J. dairy sc. 1980 - n° 63 - p. 830-832).
41 L'Association Médicale Kousmine Internationale conseille l'utilisation de l'appareil américain *Hydro-San II*, distribué en France par le Laboratoire Biophytarom - CAP 18 - 43, rue de l'Evangile - 75886 Paris Cedex 18.
42 Krocker G.-F., *Chronic candidasis and allergy* (In *Food allergy and intolerance* - Sanders).
Ibidem 6.
43 Boero M., Pera A., Andruilli A., *Candida overgrowth in gastric juice of peptic ulcers subjectson short- or long-term treatments with H2-receptor antagonists* (Digestion 1983 - n° 28 - p. 158-163).
44 Brun Christian, *Stress et immunité* (Centre Européen d'Etudes et de Recherches Naturopathiques - 100, rue Barrault - 75013 Paris).
45 Le coefficient immunitaire est donné par le rapport des lymphocytes T4/T8.
46 Texte issu de la documentation Ebi-Pharm Sanum.
47 Durandy Anne, *Immunologie des infections chroniques à candida albicans (*M/S 1990 - n° 6 - p. 77-80).
48 Anne Durandy, *Mannan-specific and mannan-induced T-cell suppressive activity in patients with chronic mucocutaneous candidasis* (J. Clin Immunology 1987 - 7/5 : 400).
49 Fischer A., Ballet J.-J., *Specific inhibition of in vitro candida-induced lymphocyte proliferation by polysaccharidic antigens present in the serum of patients with chronic mucocutaneous candidasis.*
50 Light Marilyn, *Hypoglycemia* (Keats Ed).
51 *Hypoglycemia, shortage of body fuel.*

52 On appelle glycémie le taux sanguin du glucose.

53 Cheraskin, Ringsdorf & Clark, *Diet and Disease* (Keats Publishing 1995).

54 Rabin D., *Hypoglycemia : physiologic and diagnostic considerations* (in Ge Abraham Ed. 1981 - p. 609-24).

55 Freinkel N., Getzger B.-E., *Oral glucose tolerance curve and hypoglycemias in the fed states* (N. Engl J Med 280 :820-8 - 1969).

56 Shansky A., *Vitamin B3 in the alleviation of hypoglycémia* (Drug Cosmetic Industry 129 (4) :68 - 1981).

57 Curry and coll., *Magnesium modulation of glucose-induced insulin secretion by the perfused rat pancreas* (Endocrinology 101 : 203, 1977).

58 Gugliano D, Torella R., *Prostaglandin E1 inhibits glucose-induced insulin secretion in man* (Prostaglandins Med 48 :302, 1979).

59 Roy A. and coll., *Monamines, glucuso métabolism, agression towards self and others* (Int. J. Neuroscien. 41 (3-4) :361-4, 1988).

60 Il s'agit en effet plus d'une réponse insulinique mal adaptée.

61 Ibidem 49.

62 L'auteur en est Robert M. Bennett, MD.

63 Rothschild Bruce 1991 (Northeast Ohio Univertities College of Medecine).

64 Les points douloureux spécifiques sont des zones du corps qui sont doulou-reuses à la pression.

65 Le Pr Vischer de Genève signale un point très pratique pour l'aide au diagnostic (point qui n'est pas sur les listes classiques) qui est situé sous la malléole interne.

66 F. Wolfe 1985.

67 Étude de Don Goldenberg, médecin-chef de rhumatologie (Newton-Welles-ley Hospital).

68 Ce risque est évalué à 20 %.

69 Yunus Muhammed B., MD (University of Illinois, College of Medecine).

70 Acacuso and coll., *Fibromyalgia and joint hypermosility, a close association* (Hospital Reina Sofia, Tarragona, Spain).

71 Lykkegaard J.-J. and coll., *Prevalence of joint hypermobility in patients with fibromyalgia* (Dep Rheuma, Frederiksberg Hospital, DK-Copenhagen).

72 Don Goldenberg.

73 Plus connue sous le nom de *Post Viral Fatigue Syndrom* (PVFS).

74 Étude réalisée à la Boston University School of Medecine (Arthritis Today).

75 Russel 1994.

77 Benet.

77 Eisinger J. et coll., *Les fibromyalgies primitives* (Lyon Méd. Méd. XXIII, 10, 11267-11273, 1987).

78 Yunus M.-B. and coll. - *Primary fibromyalgia clinical study of 50 patients with matched normal controls*(Sem. Arth. Rheum., 11, 151-170, 1981).

79 Eisinger J. and coll., *Glycolysis abnormalities in fibromyalgia* (Nutr. 1994 ; 13, 144-148).

80 Eisinger J. and coll., *Studies of transketolase in chronic pain* (J. Adv. Med. 5, 1992 : 105-114).

81 Russell I.-J. and coll., *Red cell nucleotide abnormalities in fibromyalgia syndromne* (Arth. Rheum. 1993 ; 36, S223).

82 Eisinger J. et coll., *Métabolisme énergétique et statut antioxydant au cours des myalgies* (Lyon Méd. Méd. T XXXII, mai/juin 1996, p. 2171-2174).

83 De Meirleir K. and coll. (American Journal of Medecine 2000 - vol. 108 - p. 99).

84 Suhadolnik R.-J. and coll. (J. Interferon & Cytokines Res. 1997, vol. 17 - p. 377).

85 Laboratoires RED - Kranenberg 6 - 1731 Zellik/Belgique - Tel. 0032 (2) 463 4270 / Fax 0032 (2) 463 4269.

86 Baldry P. 1993, Cantu Robert & Grodin Alan1992, Don Goldenberg 1993, Ediger Berth 1991 (Fibromyalgia Network Newsletters, 1993/1994).

87 Dr Hauser (Fibromyalgia Network Newsletter, 1993/1994).

88 Ibidem, Juillet 1994.

89 Dans l'inflammation, l'activité du SRE (système réticulo-endothélial) catabolise la transferrine. Il y a déficit de synthèse du fait de la séquestration du fer sous forme de ferritine.

90 Augmentation de volume des ganglions.

91 Augmentation de volume de la rate.

92 Wistar Institute 1990.

93 Franklin Mike & Sulivan Jane (M.E. 1989 - Century).

94 En une minute, la chute de la tension artérielle est supérieure ou égale à 30 mmHg pour la pression systolique, et à 20 mmHg pour la pression diastolique.

95 Critères de l'American Psychiatric Association (DSM-III).

96 Barregard 1995, Berglund 1990, Bjorkman 1992, Gay 1979, Skare 1990, Sallsten 1996.

97 Abraham 1984, Barregard 1995.

98 Faits concernant le mercure collectés par Bernard Windham - RR2 Box 385A, USA-Tallahassee, Florida 32322.

99 Association Dentaire Française - 7, rue Mariotte - 75017 Paris, Tél : + 33 (1) 58.22.17.10 - Site Web http://www.adf.asso.fr

100 Selon WHO 1991 : les sources d'intoxication mercurielle sont (en mg/jour) : air (0.04), poissons (2.34), autres aliments (0.25), eau de boisson (0.00035), vapeur de mercure issue des amalgames dentaires (3.0 à 17.0).

Les références entre parenthèses numérotées de 1 à 222 sont issues du site web http://www.teleport.com *"Chronic mercury poisonning"* par Bernhard Windham.

101 Buckell 1946, Elihu 1982, Mantyla 1976, Mac Nerney 1979, Ronnback 1992, WHO 1991, Vroom 1972.

102 Craelius W., *Comparative epidemiology of MS and dental caries* (J. Epid. Comm. Heal. 32 :155-65 1972).

103 Ingalls Th., *Epidemiology, etiology and prevention of multiple sclerosis* (Am. J. Forensic Med. & Path. 4:55-61 1983).

104 Étude de Tübingen concernant les amalgames dentaires – 2 parties - (University of Tübingen - Postfach 21 03 52 - D-72026 Tübingen).

105 Nethercott and coll., *Multiple chemical sensitivities syndrome : towards a working case definition* (Arch. Environ Health 1993 ; 48 :19-26).

106 American Lung Association - American Medical Association - US Environmental Protection Agency - US Consumer Product Safety Commission.

107 Mooser 1987.

108 US Environmental Protection Agency 1992.

109 Bell and coll. 1996.

110 Enquête sur le statut vitaminique de trois groupes d'adultes français 1986 - Enquête chez les adultes en Bourgogne 1986 - Enquête du Val de Marne 1986 de Curtay J.-P. (In *Nutrithérapie* - Boiron 1999 – p. 52-53).

111 Propos tenus en 1989.

112 Biacs, *Chromatographic investigation of tomato juice metabolites during ripening* (Budapest 1988).

113 Waltier B., *Vitamines et technologies alimentaires* (Aspects nutritionnels des constituants des aliments. Influences des technologies, de Bernard A. et coll. - TEC DOC Paris 1992).

114 Cuq J.-L., *Qualité de nos aliments et technologie* (Alimentation et nutrition humaine, de Dupin H. et coll. - ESF 1992 - 1235-1264).

115 Promotion de la flore de putréfaction et de ses catabolites extrêmement nocifs et développement de candidoses digestives.

116 Dean & Flower, P.B.S., *Exagerated responsiveness to thyrotrophin releasing hormone : a risk factor in women with artery disease* (Brit Med J. 1985, 290, pp. 1.555-61).

117 Holmes & coll. CFS (Ann Intern Med. Mars 1988 ; 108 :387).

118 Winter Griffith H., Dambro Mark, *The 5 minute clinical consult* (1993, p. 206).

119 Dr Kochman, Pr Devulder, Pr Hatron (CHU de Lille - Service de médecine interne).

120 Neuroimmunotherapeutic Research Foundation - 145 North Church Street - USA-Spartanburg S.C. 29306.

121 *Current Medical Diagnosis & Treatment* (Lange 1999).

122 Demitrak M.-A., E*vidence of impaired activation of the hypothalamic Hypophysis adrenal axis in patients with chronic fatigue syndrom* (J. Clin. Endocrinol. & Metabol. 73 : 1224-1234, 1991).

Autres ouvrages de Ph.-G. Besson

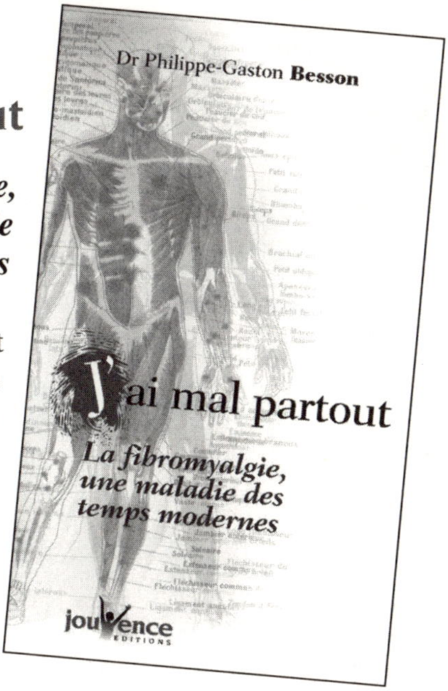

J'ai mal partout

La fibromyalgie, une maladie des temps modernes

Maladie chronique et bénigne, la fibromyalgie se caractérise par des douleurs tendino-musculaires diffuses, une fatigue chronique, des troubles du sommeil, de l'anxiété, des troubles digestifs et d'autres symptômes. De plus en plus fréquente, elle n'a pas de cause précise et son origine apparaît comme étant multifactorielle. On retrouve cependant fréquemment un traumatisme physique ou psychique comme événement déclenchant.
Un point complet sur cette maladie qui peut être invalidante et sur les traitements conventionnels et alternatifs.

96 pages – 11,90 € – 20 FS

Acide-base, une dynamique vitale

Une explication précise du mécanisme de l'**équilibre acido-basique** et des indications pour réguler notre tencance naturelle à l'acidité.
Se fondant sur une base théorique solide, cet ouvrage comprend toutes les applications pratiques pour une approche responsable de nos comportements parfois erronés.

128 pages – 11 € – 19 FS

La crème Budwig

Préserver sa santé, c'est possible avec ce **petit déjeuner santé** préconisé par le Dr Kousmine qui réunit en un unique plat tous les éléments indispensables au bon fonctionnement de l'organisme.
Un véritable guide d'alimentation saine et une introduction à la "méthode Kousmine".

96 pages – 10,50 € – 18 FS

Je me sens mal, mais je ne sais pas pourquoi... !

La candidose chronique, une maladie méconnue

Les multiples perturbations fonctionnelles liées au développement excessif du micro-champignon appelé *"Candida albicans"* qui affecte surtout le tractus gastro-intestinal, l'appareil génito-urinaire, les systèmes endocrinien et nerveux.

Un tour d'horizon complet sur cette maladie méconnue et de nombreux conseils pratiques pour la comprendre et la prévenir.

144 pages – 13,50 € – 23 FS

IMPRIMÉ EN FRANCE

Achevé d'imprimer le 22 septembre 2003
sur les presses de l'imprimerie «La Source d'Or»
63200 Marsat
Imprimeur n° 12017